少子高齢化、社会保障問題への
処方箋がここにある！

第2通貨「シルバーマネー」が日本の危機を救う

山口克也（山口総合政策研究所 所長）／著

現代書林

はじめに

いかに日本のGDPが中国に抜かれ世界第三位になったとはいえ、日本はいまだにG7のメンバーであり、先進国として世界をリードする国であるはずです。表面的に見ると、東京をはじめ主要都市には美しいビルが立ち並び、デパートやスーパーには、世界中から運ばれてきた見事な商品があふれんばかりに並べられています。政府・日銀は金融緩和を行い数百兆円の通貨を新たに発行し、社会にお金は潤沢にあり、国民の失業率も決して高くはありません。しかし、表面的に輝いているこの国は、実は制度疲労を起こしており、多くの社会保障制度が崩壊の危機にあり、人間の再生産を行うこともままならず、高齢者のみならず多くの若者も、自殺したり孤独死をしたりしていています。少子高齢化による国家と民族の消滅まで心配される状況です。なぜこんな悲しいことが起こってしまったのでしょうか。私たちはこの現状を深く知り、その原因について深く考える必要があります。

私は、その原因の一つは、世界に価値観の転換があったにもかかわらず、日本人が経済の拡大を極限まで追い求め、人間と地球に優しい経済に転換していくことに真剣に取り組まなかったことにあると思います。**日本の経済社会における価値観の転換の遅れが制度疲労の根本**に存在しているのです。

二つ目の原因は、**社会の解体と言われるもので、共生社会の崩壊**です。日本の古い家族制が解体し、さらに地方の共同体が縮小した後、それに代わって存在したはずの企業社会が、グローバリゼーションの中で共同体として機能せず、さらに都市における共同体も十分に発達しなかったことが要因の一つにあります。

この二点については主に第六章において述べます。しかしながら、**私がこの本で行いたいことは、社会の制度疲労の原因究明ではなく、読者の皆様に、この日本社会の困難がシルバーマネーという手法で一点突破できること、そして、このシルバーマネーというものが、どういうもので、社会保障問題の改善や少子高齢化対策にどのように役立つのかを知っていただくことです。**そこで、この本においては、シルバーマネーの説明に重点を置き、日本の困難の原因については、説明を最小限にし、シルバーマネーと関係する範囲内に留めようと思います。

とはいえ、私が提案を行う前提として、日本の少子高齢化がいかに深刻な状況にあり、社会保障制度や日本の地方がいかに疲弊しているかについて、最低限の部分を、私は、皆様に最初に復習していただきたいと思います。読者の皆様と情報を共有しないと、私の主張する、**第二通貨で年金を受け取るオプションをつくる**などというドラスティックな手法にも共感いただけないと思うからです。そこで第一章から第三章で、「日本の少子高齢化」「社会保障の疲弊」「東京への一極集中」という三点について、現状を紹介します。

続く第四章では、その問題に対応するための政策を、**バックキャスティング**という手法を用いて探っていきます。バックキャスティングとは、将来、問題が解決された社会は、どのような社会なのか予想することです。そして、現実の社会と目指す社会を結びつけるには、何をすればよいのかを、論理的に、またそれが多くの人の同意を得られるものであるかも考慮しながら考えていきます。そして、なすべきこと、導入すべきシステムの姿が見えてきたら、それが、経済全体に対してどのような影響を与えるのか、意味を持つのかをもう一度考えます。

今回この分析で明らかになったのは、何よりも若者に住宅を供給しなくてはならないということです。そして、住宅供給を可能にするために、**高齢者の一部が地方に移転することによって、若者にこれまで高齢者が住んでいた住宅を賃貸する**という視点が生まれました。そして、**この高齢者の地方への移動を経済的に可能にする方法として、シルバーマネー、日本の第二通貨で年金を受け取るオプションをつくり、シルバーマネーを受け取ることを選択した高齢者に、その通貨が使用できる地域に移動してもらう**という発想が生まれたのです。第二通貨は、その第二通貨が強制通用力を有する地域において、地域社会における相互扶助活動や高齢者相互の介護システムを動かすために使用されるとともに、殆どすべての生活の必要を満たすために使われます。

これまで、そのような目的を持った通貨として、エコマネーなどの地域通貨が考えられ、試行されてきました。しかし、これまでの地域通貨では、大きな社会問題を解決することができていません。そこで、第五章では、この第二通貨、シルバーマネーはどんなもので、円やエコマネーとどう違うのか、社会の中でどのような役割を果たすのかを、通貨の歴史にまでさかのぼって詳しく分析します。

そして、バックキャスティングをする時に必要なのが、シルバーマネーが導入された時に、実際にどのような影響が社会に現れるのかを確認しておく作業です。日本人の苦しみを軽減しようとするシステムが社会保障システムですから、第六章では、そこにどのような影響が出るのかを確認していきます。そして、シルバーマネーが社会保障の観点を越えてどのような社会をつくることにつながるのか、第六章の後半ではこの難題に取り組んでいます。

そして本来であれば、この六章に引き続き、具体的なシルバーマネー地域を想定し、そこにおける、シルバーマネー、円、そして商品、人の動きを予想するという作業が必要であり、事例紹介がこの本の後半部分を占めなくてはならないと考えていました。しかしながら、具体的に私がその作業を行おうとすると、さらに数年の時間がかかり、安倍政権下において、年金制度の大幅改悪（受給者の視点から見た場合）が行われようとしているこのタイミングに提言が間に合わなくなることを危惧しました。そこで、シルバーマネーを用いた地域づくりの研究については、他の研究者や、自治体職員の皆様の力をお借りすることにして、この本においてはコンセプトとしてのシルバーマネーの提言に留めることにします。

その代わり、という形になりますが、この本の後半には、私がこれまで行ってきた地球温暖化対策の研究・啓蒙活動の一環で書かせていただいた、「２０５０」の改訂版と、その基礎になった論文を、収めさせていただくことにしました。

「2050改」等をお読みいただくことで、今回私がシルバーマネーで追求しようとしている社会の理想が、私がこれまで提言してきた地球温暖化対策案と同根のものであり、そこで提言している「世界みどり公社」と、この本で紹介したシルバーマネーが、「お金の循環システムは、人間が幸せに生きるためにこそ機能しなくてはならない」という共通の思考から生まれていることがご理解いただけるだろうと考えます。

この本の巻頭にあたり、ご挨拶の代わりに、私からごく簡単に、私が今後どのような社会を目指すのかという、立ち位置を示させていただきたいと思います。

私は、学者や研究者ではなく政治家です。そして政治家は、社会全体についての広いビジョンを持たなくてはならないのは当然ですが、その活動においては、まず、具体的に一番苦しんでいる人、あるいは将来的に苦しむであろう人の苦しみを取り除くことから始めなくてはならないと考えています。少子高齢化や社会保障の破たんをもたらした社会のひずみの中で、誰が、どのように苦しんでいるのかを考えるところから始めなくてはなりません。

そして、私たちは、自分たちの行動の動機を深く見つめなおす必要があります。もちろん、すべての人が競争もしますし、人を非難・攻撃することもあります。しかし、大きな心の傾向が、他者を慈しみ育てようとする思いになくてはならないと思います。実は私たちは、多くの人々のそのような気持ち「愛」と呼ばれるものに囲まれていないと生きていけない存在なのです。現在「円」で営まれているさまざまな活動にも、競争ではなく、愛に満ちたものはあります。あるいは円の力を増幅させる、銀行や企業などの行動指針にも、ＣＳＲやＳＤＧｓをはじめ、「愛」の要素がちりばめられるようになりました。しかしながら、「円」で行われる活動の基本には、私有財産制度があり、欲望の充足があり、効率主義と競争原理があるのです。そこで、人と人とが支え合う「愛」の気持ち、「協同」の気持ちを素直に現実化できるツールとしての第二通貨を構想するのだ、という視点を忘れてはなりません。

次に考えるのは、私たちが何を守りたいのか、何をつくり出したいのかということを見つめなおすことです。今の資本主義、東京一極集中の日本社会が私たちの本当に守りたいものを守れているのか、つくり出したいものをつくっているのか、それが、もしできていないのであれば、何がそれを難しくしているのか、という視点から時代を見なくてはなりません。「円」に縛られない「高齢者が本当にしたかったこと」が実現できる地域としての「シルバーマネー地域」を作るべきです。キーワードは「風土・歴史・緑・芸術・文化・スポーツ」です。

最後に、同じ内容を文明論の視点から述べたいと思います。私が、異なる文明を考える時に、印象的で特によく思い出すのがアマゾンに住んでいる「裸族」の人たちの存在です。彼らには他の文明社会で生きていくための基本的能力が欠けているわけではありません。近代文明と接した後、立派にその構成員になれるのです。しかしながら、彼らは、衣服さえも捨て、最小限の道具だけを使って、アマゾンの環境の中で適応し生き延びてきました。彼らが不幸せでないことは、その表情から分かります。すなわち、人間が植物と向かい合う生活を送る時には、比較的戦闘も起こらず、お金を使った活動もせず、幸せに生きていくことが可能なのです。日本の縄文時代も、海によって大陸と隔てられ外敵が少なかったという条件から、アマゾンの裸族と同じく、植物と向き合った生活をしていたと言えるでしょう。これらの文明を仮に「農業文明」と呼ぶことにしましょう。この文明を決して劣っているとか遅れていると評価してはなりません。縄文文明にしても、栗を育て、稲を育てて一万数千年持続することができた、最も「持続可能性の高い」文明だったのです。この文明においては、植物を育てるという行為と、共同体の構成員間の協力と、分配が広く行われていたことが知られています。

一方、植物が少なく、自然環境が厳しく、外敵が多い環境の下では、人間は食料としての動物を囲い込み、身を守るための住居や都市、他者を凌駕するための道具を高度に発達させていきます。自ら育てることよりも、他人から交易や闘争によって必要なものを手に入れることが合理的であり、お金が発明され、技術が発達し、現在の世界を広く覆う「都市文明」となるのです。この都市文明においては、人間の間にヒエラルキーが生まれ、取引と収奪、そして経済圏の拡大が行動原理として残ります。この行動原理が、資本主義という経済体制となり、今地球生態系の環境制約や乗り越えるべきでない人間性の壁（あるいは人間性の尊重というもの）にぶつかっていると考えられます。

次に都市文明の中で、植物や動物の世話、あるいは競争や経済活動に忙殺されない人々が生まれ、その人たちが精神文明である「芸術・科学・スポーツ文明」を生み出したと考えられます。文明がこのレベルに至ると、人間と人間との闘争の傾向が減少し、人間と人間の切磋琢磨と協調、そして洗練と共感が行動原理となります。

私が今申し上げた、「農業文明」「都市文明」「芸術・科学・スポーツ文明」というのは、現実に存在するある国や民族が、どの段階にあるのか分析するための観念ではありません。同じ国家に属する人の中にも、企業家のように、より「都市文明」の感覚を持つ人がいて、公務員や福祉分野で働く方々のように「農業文明」の感覚を持たれる人がいる、そして、法曹界や芸術家などは、「芸術・科学・スポーツ文明」の中に住んでいると考えられるでしょう。すなわちこの三つの文明の分類は思考のためのツールにすぎません。

しかしながら、今日本を覆っている閉塞と社会の制度疲労は、都市文明・資本主義の限界を示しているような気がしてなりません。**私の提唱するシルバーマネーは、社会の「農業文明」「芸術・科学・スポーツ文明」の要素を強化し、そして、この時代に日本に住む人たちの苦しみを軽減し、喜びを倍加させるためのツール**となり得るのではないかと考えます。

私が本書で述べている内容は、殆ど他の先賢の努力により生み出されたもので、私は単にそれらの資産を整理し、より分かりやすく提示することを行ったにすぎません。私に情報をくださったすべての方々に感謝し、本書の制作を行ってくださった㈱現代書林社の皆様に感謝し、私を支えてくれている家族に感謝してこの本の前文とさせていただきます。

この本が日本の大きな苦しみを取り除く一助となることを祈りつつ。

山口克也

目次

第七章　２０５０改

（資料）ベーリング海峡ダム及び世界みどり公社の提案（改）

第一章　少子高齢化は日本社会を破壊する

少子高齢化のもたらす問題

少子高齢化が日本社会を蝕んでいることは、多くの人に理解されるようになりました。しかしながら、「地球は人口爆発で、大変な状況じゃない？」とか、「日本は国土が狭く資源もないんだから、人口が少々減った方がいいんじゃない？」という疑問は当然出てくるだろうと思います。そこでまず、少子高齢化がなぜいけないのか、どのような問題を社会にもたらすのかについて述べたいと思います。

まず、生命としての人間がこの40億年行ってきた営みに思いを馳せなくてはなりません。地球は、巨大隕石の衝突、マントルプルームによる巨大火山の連続爆発、メタンハイドレートの崩壊などによる、大変な環境変動を経験してきました。私たちの祖先である当時の生命は、さまざまに姿を変えながら厳しい環境に適応し、命をつないできました。すべての生命には生きようとする傾向があり、いや生きたい、生命をつなぎたいという思いがあり、それがこの地球を生命にあふれた美しい場所にしているのです。人間の一人もいない世界を私たちは美しいと感じられないでしょう。美しい田園風景も、街の形も、そして森林でさえ、人間が手を加えてその美しさを保っているのです。我々人間にとっても、生命をつなぐことが最も重要な役割であることは論を待ちません。子どもを持つことは、男女が協力して、新しい生命を産み育て、未来へ命をつないでいく大切な行為です。そして、少子化は、この生命・人間の再生産の過程がうまく機能していないことを意味します。

少子化は、大きな社会的問題を引き起こします。直接的には「人口構成の変化」「高齢者割合の増加」が起こります。それによって社会には「労働力不足」、年金などの「社会保障負担の増大」、そして「経済成長の鈍化」などのデメリットが生じます。

また、少子化は、「地域格差」「家族格差」を伴って進行します。少子高齢化した地域からは労働力のみならず、購買力・需要も消滅し、さまざまなサービス業が撤退します。そして人間の居住地域の減少、地域消滅が起こります。次に起こるのは家族格差です。多くの若者が、結婚して子どもを持つことを望んでいながら配偶者や子どもを持つことができない状況が起こっているのです。若者の4分の1が結婚せず、4割は子どもを持つことができていません。この数字だけからでも、いかに多くの若者が、引き裂かれるような悩み、苦しみの中にいるかが想像できます。

地球が人口爆発の中にあるのではないか、という疑問に対しては、国連が毎年出している「世界人口白書」の予想が答えを与えてくれます。あくまでも発展途上国等における家族計画やリプロダクティブヘルスに必要な投資が行われるという前提ですが、地球人口は2050年に97億人、2100年に112億人程度で横ばいとなる見込みです。そして、現在からの増加を後押ししているのは、寿命の伸びなのです。世界の女性1人当たりの出生率は、現在の2・5人から21世紀の末には平均2人に低下すると国連は予想しています。さらにいうと、1979年の世界人口白書のテーマは「人口増加のスローダウン」でしたし、1980年は「世界中で出生率の低下」、1982年は「人口における成功」でした。国連の統計によると、そして我々は国連統計以上に信頼できる人口予測を持たないわけですが、その統計によると、人口爆発の抑制には20世紀末にすでに目途が立っており、21世紀中に人口は安定するのです。パリ協定などによる再エネへの転換が行われると、地球温暖化は食い止められ、食料問題、資源問題も潤沢な再エネ供給により解決する可能性が高いのです。地球温暖化対策に成功すれば、世界の未来は明るく、21世紀において、日本が少子化に向かう人口問題からの必然性は存在しません。

少子化が起こっても海外から移民を入れてくれればそれで済む、という人がいたら、その人に聞いてみてください。「あなたは、私たちや、私たちの子どもが、地球上からいなくなっても、それでいいというのですか？」と。

日本の少子化問題と今後

日本における出生数の推移を振り返りましょう。1945年から1950年は戦後のベビーブームです。1949年には269万6638人が生まれていました。1950年から1955年にかけては、国が豊かになり、死亡率が減少することで、歴史的な必然として出生率は年間200万人から160万人まで減少します。

その後、1955年から1975年にかけては、1973年に209万2000人という第二次ベビーブームのピークがあったものの、結婚や出産は安定していました。1973年における合計特殊出生率は2・14です。

1972年、ローマクラブが「成長の限界」を発表した後、世界的に人口を抑制しようとする動きがありました。日本も率先して出生率を抑制しようと、「子どもは2人まで」という合意をつくりあげていました。1989年、平成元年における合計特殊出生率は、1・57まで減少していました。出生数は1993年には120万人を切り、第二次ベビーブーム世代が出産適齢期を迎えても増えることなく横ばいとなりました。2005年には合計特殊出生率が1・26となり、出生数も110万人を割り込みました。出生率が先進国で最低レベルになり、出生数も30年で半減したのです。

2005年の国勢調査では未婚率、つまり一度も結婚していない人の割合が急上昇していました。ちなみに、30〜34歳までの人のうち、未婚者は男性47・1%、女性32%に達しています。結婚した女性が産んだ子どもの数（夫婦出生率）も、2002年までは2・2前後で安定していましたが、2005年には2・09に下がりました。

それでは、今後日本の出生率や人口、人口構成はどうなっていくのでしょうか？　国立社会保障・人口問題研究所（社人研）は、公的年金の財政見通しなどのために、日本の将来人口の推定を行っています。社人研が2017年に行った推計によると、合計特殊出生率は今後50年1・44で推移すると予想され、日本の人口は2060年には9284万人、2110年には5343万人になる見通しです。社会保障給付の見通しを立てる上で重要となる65歳以上人口比率は、２０２５年に30％を超え、２０４０年には35％、２０５０年代には約38％となり、それ以降は同水準で推移します。医療や介護の一人当たり費用がより多くかかる75歳以上の人口比率は、２０１５年に12・８％であったのが、２０２６年には18％、２０３９年には20％を超え、２０５５年に25％に達し、それ以降はほぼ同水準で推移します。

この予想に対し、安倍政権は、国民の人口減少に対する危機感が高まっているとして、２０１４年12月に「まち・ひと・しごと創生総合戦略」を閣議決定し、出生率をできるだけ早く１・８に回復させ、２０３０～２０４０年頃には２・07まで回復させることにより、２０６０年の人口を１億人程度とし、２０９０年頃には人口を定常状態にする計画をつくっています。

少子化問題の原因は何か

先述したように、１９５０年代に起こった少子化は、国が豊かになり死亡率が減少したことによって生ずるもの、歴史的必然とされています。また、１９７５年から１９９５年までの少子化は、世界的に人口を抑制しようという動きの中で、日本でも率先して「子どもは２人まで」という運動を行っていたからです。問題なのは、１９９５年以降の少子化です。１９９５年以降の少子化は、「若年層の経済的困窮」が引き起こしたと考えられています。

出生率は、有配偶率と有配偶出生率（結婚したカップルの子どもの数）、婚外子の三つの要因で説明できます。日本ではこのうち婚外子が少ないので、他の二つの要因が問題になります。

有配偶出生率は落ちていません。完結出生率は2・2前後で推移しており、結婚したら2人の子どもを持つ慣行が崩れていません。一方有配偶率については、日本の結婚する意志を持つ未婚者は9割弱で、依然として高い水準にあるにもかかわらず、未婚率が非常に高くなっています。これは。若年層の経済的困窮に原因があると考えられています。

バブル経済と経済のグローバリゼーションを経て日本の雇用形態は大きく変化し、契約社員、派遣社員、アルバイト、パートタイマーなど、不安定で賃金の低い非正規雇用が増加しました。非正規雇用は20～24歳の若い年齢層で特に大きく割合を増やしました。「国民生活白書」（平成17年度）は、28～49歳の男性では年収400万円以下の層で独身者が多いと指摘しています。2010年の厚生労働省の調査によると、男性の場合30代の未婚率は正規労働者では30・7％、非正規労働者では75・6％と二倍以上です。なぜ、若者が結婚を控えるのか、『少子化社会日本』（岩波新書）に示された家族社会学者の山田昌宏氏の考えを要約すると、将来見込まれる結婚、子育てにおける生活水準が期待水準を下回ると、若者、特に女性は結婚や出産を控えるということになります。この期待水準に含まれるのは、①住宅の広さと質、家電製品②子どもの教育、レジャー・趣味に使えるお金、そして③自由な時間です。

それでは、どうして若者に住宅、お金、自由な時間がないのでしょうか。この本の後半で、日本人の現在の家族状況等についてはもう一度詳しく述べるので、ここでは全般的に軽く触れるに留めますが、まず、住宅事情について考えてみましょう。その根本原因は間違いなく、多くの人が大都市に集中して住んでいることです。政府による住宅補助がないという理由も大きいでしょう。また、若者が大都市に住むと、子育てを補助してくれる人が近くにいないことにもつながります。次いで、なぜ若者にお金がないのかです。グローバリゼーション、海外の企業・労働者との競争、他の世代特に高齢者との競争、日本の企業風土、非正規雇用の増加など勤労状況の悪化、東京一極集中、住宅費の高騰、高齢化に伴う社会保険料の高騰、などが重なっているためと考えられます。三つ目のなぜ自由な時間、家族との時間がないのかという点ですが、これもキーワードを並べると、住宅事情、遠距離通勤、企業文化、単身赴任、長時間労働、家庭での介護、などが重なっているからだと考えられます。ここで述べたことをまとめると、次の三つが少子化問題の根源にあると考えられます。

・大都市（東京）への人口集中
・海外の労働者や他世代（特に高齢者）との労働市場における競争、あるいは他世代の世話（介護、社会保険負担）
・日本の社員を大切にしない企業文化

政府はどう対応してきたのか

１９７２年の『成長の限界』を受けた形で、１９７４年に民間団体（人口問題研究会、日本家族計画連盟、家族計画国際協力財団、人口問題協議会）主催で日本人口会議が開かれ、人口抑制をしなくてはならないと提言、新聞には「産児制限で人口増加に歯止め」「子どもは２人まで」と端的に書かれていました。そして、１９７４年の戦後二回目の人口白書には、人口が２０１０年から減少すると予測されていました。ところが、その当時には人口減少で何が起こるか、そして、人口減少をどのように食い止めるかという議論は全くされていませんでした。**出口戦略を考えていなかった**のです。現実は、１９７５年に合計特殊出生率が2を割り、その時から「少子化」はスタートします。政府が対策として乗り出してくるのは１９９０年代に入ってからで、どこかで早くブレーキをかけるべきだったのですが、なかなか乗り出しませんでした。

政府は、１９９４年にエンゼルプラン「緊急保育対策5カ年事業」をつくって保育の量的拡大、低年齢児（0〜2歳児）保育、延長保育、地域子育てセンター整備などを行いました。その後も、２００３年に少子化対策基本法、２０１０年に少子化対策基本大綱、２０１２年に子ども子育て支援法などが施行されましたが、それらは人間の再生産の全過程を俯瞰したものではなく、「女性が子育てしにくい」という点だけに焦点を当てたものでした。そのため、キャリア女性を対象にした制度しかないとか、待機児童対策を長年しているが、少子化に歯止めがかからない、などの批判が生まれています。政府が２０１４年に導入した「まち・ひと・しごと創生法」は、東京一極集中問題を含め、もう少し広い視点からの少子化対策になっていますが、この法律の内容については、日本の企業の状況、海外の政策について紹介してから述べることにします。

日本の企業にも、日本が少子化に落ち込んだことに関する大きな責任があります。1995年以降の少子化が、若年層の経済的困窮が最大の要因であり、その経済的困窮をもたらしたのが。経済のグローバル化のもとで、国内の雇用の非正規化を進めていった企業と、それを許した政府にあることは明らかです。しかし、経済界はこの事実を正面から受け止めようとはしていません。少子化に関連して、日本経団連が意見を表明している資料として、2006年の『産業界・企業における少子化対策の基本的取り組みについて』があります。その内容を見ると、少子化の深刻さについては認識しているものの、対応としては、働き方改革、男女共同参画、保育所の整備などの政府への要請に留まり、自ら若年層の雇用条件を改善するスタンスは見えません。


次いで欧米諸国における少子化の状況についても述べておきましょう。欧米の先進国では、1970年代に日本以上の不況に見舞われました。日本と同じように、「若年男性の収入の相対的低下」に直面しました。ヨーロッパの多くの国では日本以上に若年失業率は高まり、アメリカでは低賃金の雇用が増大しました。その結果、「若年男性一人の収入では、豊かな結婚生活を支えることはできない」という日本と同じ状況が出現しました。

アメリカやイギリスなどのアングロサクソン諸国でも、1960年代までは専業主婦が多く、男性一人の収入で妻子の生活を賄うことが一般的でした。ちなみに、1950年には、アメリカの既婚女性（高齢者を除く）の就労率は、25％程度、つまり、75％が専業主婦だったのです。日本では、既婚女性の労働力率は、下がっても四割だったので、アメリカは、日本以上の専業主婦社会だったのです。

アメリカでは、1970年代にフェミニズム運動が起きるとともに、女性の社会進出、つまり、職場労働への進出が起きます。フェミニズム運動は活発化し、その結果、雇用における女性差別が撤廃され、女性が十分な収入を得る職に就くことができるようになります。しかし、未婚女性が職に就いただけでは、少子化の歯止めにはなりません。アメリカでは、ベビーシッターをはじめとした子育て労働が市場によって供給されるようになりました。その結果、アメリカでは既婚女性の就労率は、2000年には、75％となります。

一方、北欧諸国では、公的に育児サービスが供給され、働きながら子どもを育てる条件が整います。育児や介護などの公共的事業は、母親を積極的に雇うことによって、育児サービスと母親の雇用の双方をつくり出しました。多くの欧米諸国では、共働き化によって、若年男性の収入見通しの悪化を補ったのです。

こうして、欧米の殆どの国々では、1970年代の少子化傾向が終了することとなりました。1980年代には、アメリカや北欧では出生率が回復し、フランスやイギリスなどでは少子化が止まりました。このように、欧米諸国では、社会全体の形を変えて少子化に対応しました、一方で日本はこの問題を単に女性の子育ての問題と小さく捉え、抜本的な対応を行ってこなかったのだということが良く分かります。

日本政府が、子育て支援のレベルを超えてこの問題に取り組み始めたのが「まち・ひと・しごと創生法・長期ビジョン・総合戦略」（総合戦略）です。ここにはこれまでの政府の対策にはなかった斬新な考え方が含まれています。最も重要な指摘は、地方から都市への人口流出と、大都市における超低出生率が日本全体の人口減少につながっている、というもので、人口減少克服と地方創生を合わせて行おうとしています。この目的を達するために、サービス業、農林水産業、分散型エネルギーの推進により、地方で安定した雇用をつくり、地方への新しい人の流れをつくる、そのために地方移住者支援や、日本型ＣＣＲＣ（ケア付き退職者コミュニティー）をつくる、そして東京一極集中を是正しようとしています。もちろんこれは総合戦略ですから、それ以外のさまざまな手法、正社員実現加速や長時間労働の見直しなども書き込まれています。

しかし、この総合戦略の方向に沿って現実の政治が動いているわけではありません。

農林水産業は、規模の大きい産業ではなく、また急激に規模拡大ができるものではありません。また、再生可能エネルギー分野では固定価格買取制度の買い取り価格が急激に引き下げられ、太陽光発電などからの収入を地域おこしに使う目論見は外れました。地方移住希望者は徐々に増えてはいますが、ＣＣＲＣについては、現地に必要な介護施設や医療施設が不足していることなどが理由で、順調に立ち上がっている様子がありません。さらには、今後の少子高齢化に対応するためには人口の地方流出ではなく、都市をコンパクト化して都市の中央に人を集めるべきだという論者が現れ、今後の方向性が見えなくなっています。この総合戦略に含まれる、働き方改革の中心となる労働基準法の改正を中心とした「働き方改革関連法案」については2018年6月29日に可決成立し、総合戦略の一部が実行に移されることになりました。

これまでの政府の対応についてのコメント

これまでの政府の少子化問題に対する取り組みが保育や待機児童対策に偏っていたのは、問題の本質から目をそらし、問題を矮小化して、必要な対応を遅らせるものであるがゆえに、保育等の担当者の努力は、それなりに評価するとしても、全体としてとても褒められたものではないと言えます。政府の少子化に取り組む姿勢に真剣さが足らなかったのは、日本が面積が小さいのに、人口が多すぎるという漠然とした感覚があり、環境危機、あるいは食糧・エネルギー危機の中で人口がある程度減少するのはむしろ好ましいことだという古い認識のままにいる方々が多かったからではないでしょうか。しかしながら、一定の「適正な人口」というものは本来存在せず、その時代の、テクノロジーや社会構造によって変化するのであり、縄文時代なら数十万人でもちょうどよかった人口は、農業の発展により、数千万人でも適正なものとなり、そこにエネルギーに関する技術の発達や、農業革命が加わると、日本列島は一億の人口でも支えられる国土となったのです。逆に、現在の少子高齢化や都市への人口集中の中で、日本の離島や地方は疲弊し、人体に例えると、まるで手足の感覚がなくなっていくように、日本という国の老化が進んでいるように感じられます。そして、現在に至っては、日本は、少子高齢化による、社会保障の破たん、若者の負担増によるさらなる少子化、そして民族の消滅、亡国の危機に直面し、改めて、少子化の恐ろしさに震え上がり、あるいは震え上がることさえもできずに無気力になっているのです。

私はこの本で、現在の日本の少子高齢化問題を、社会保障の問題、東京への一極集中の問題と同時に解決するための「試案」を示しますが、そこに至る前に、日本政府と企業に対し、「日本人の思考方法、行動パターン」が、現代の日本の少子化問題をはじめとする社会問題を生み出した、ということを訴えておきたいのです。この問題点をしっかりと認識し、あるいは日本の社会構造の中に組み込んでおかないと、日本はまた同じ過ちを繰り返し、世界の中で生きていけない国になるからです。それはこういうことです。

国民に「犬の道」を歩かせて、精神論で国民の尻を叩いてはなりません。

「犬の道」とは、ヤフー・チーフ・ストラテジーオフィサー安宅和人氏の著書『イシューからはじめよ』（英治出版）に紹介されている言葉ですが、「優先順位を考えず、一心不乱に大量の仕事をして目標に達しようとする」手法のことです。戦時中の「風船爆弾」や「竹やり」ではありませんが、「保育システム」だけを使って少子化に対応しようとしたり、「年金等の国民負担を極端に引き上げ（例えば国民負担率85％）、あるいは国民への支給を極端に遅らせて（年金支給開始75歳）」少子高齢化に対応しようとしたりするのがこれにあたると思われます。国民がどんどん疲弊し、少子高齢化が止まることはありません。国民に努力しなさいと、大号令をかける前に、問題の本質をつかみ、より楽に目標を達成できる別の道がないか、公の場でもっと広く議論すべきです。

子どもや若い世代を大切にしなくてはなりません。

日本の現役世代向けの社会保障は、欧米の2分の1～3分の1しかありません。日本の社会保障の給付費は年金と医療で約8割を占めます。医療費のうち65歳以上が全体の58％を占め、現役世代とは1人当たりで4倍の開きがあります。子育てや職業訓練・紹介などが充実し、現役世代と高齢者の給付費が均衡しているスウェーデンなどの北欧諸国とは雲泥の差なのです。「大切なものを、大切と言い続け、守る勇気」が社会に足りないのでしょう。住宅補助についても、日本では制度がありません。これは、日本では終身雇用を前提として、企業が社宅や住宅補助を行っていたためです。終身雇用がなくなっても、国の補助制度がないままなのです。ヨーロッパの住宅補助は、イギリスは全世帯の6分の1に対して平均52万円の補助が、フランスは全世帯の4分の1に対して平均28万円の補助があります。

政府が自国通貨を積み立てることは将来に備えることを意味しません。

国が亡ぶ時、国の通貨の価値も同時になくなることを考えると、「自国通貨は国にとって価値でない」ことが分かります。それであるなら、「将来の年金のために、国民から自国通貨を集め、積み立てておく」ことは、政府の帳簿上にはプラスであっても、国富を増やさず、国民を痛めつけ、結果的に国の富を減らすことになってしまいます。

それでは、一体、今何をしておけば、国富を増やし、少子高齢化に対応することになるのでしょうか？　それは本書の後半でしっかりと議論したいと思います。

第二章　社会保障の今後

社会保障が経済に占める規模

少子化問題が起き、社会の高齢者の割合が増えてくると、すぐに維持が難しくなってくるのが社会保障システムです。現在日本の社会保障費はどのくらいの規模になっているのかをまず２０１７年の財務省資料を使って見てみます。「社会保障関係費」の規模は32・５兆円で、総額97・５兆円の一般会計予算の33・３％になっています。次いで大きいのが国債費の23・５兆円、地方交付税交付金等が15・６兆円と、この二つは国が支出額を決められない歳出であり、一般歳出（全体からこの二つを除いた残り）に占める社会保障関係費の割合は56％にも達します。公共事業費が6・0兆円、文教及び科学振興費が5・４兆円、防衛費が5・1兆円であることと比較すると、非常に大きな金額です。

ところが、一般会計に表れる「社会保障関係費」は日本の社会保障費の一部でしかないのです。年金にせよ、医療保険にせよ、介護保険にせよ、雇用保険にせよ、日本の社会保障制度の根幹は「社会保険」、つまり保険料を取って、その中で給付を行う制度になっています。保険料収入は国の一般会計に入る財源ではなく、特別会計や地方会計、個別の保険制度の会計に入って支出されるものですから、一般会計に表れる「社会保障関係費」とは関係ありません。それでは、保険料で賄われている分も含めて、社会保障給付にかかっている全費用「社会保障給付費」はいくらかというと、現在１１４・9兆円（２０１5年予算ベース）という規模に達しており、これに、医療や介護で国民が自己負担で支払っている分を足すと、だいたい国民総生産（GDP）の4分の1程度、130兆円以上が社会保障に使われていることになります。

そして、この社会保障費は、少子高齢化の中で急速に増加しているのです。税金と保険料で賄われている社会保障給付費の合計は、2015年度予算ベースで114・9兆円ですが、これは過去5年の平均で毎年1・9兆円増えています。国立社会保障・人口問題研究所の予想では、2025年にこの数字は2015年と比較して25兆円増え、140兆円近くに達すると予想されています。学習院大学経済学部の鈴木亘教授によると、厚生労働省が2025年までについて予測している方法を使って少子高齢化を前提にその先までの社会保障給付費の計算を行うと、2025年度の148・9兆円が、2035年には189・6兆円、2050年には257・1兆円、2075年には340・9兆円まで増加し、2025年、2035年、2050年の国民所得に対する比率は、それぞれ、2015年度の29・6％から大きく増加し、39・9％、47・3％、62・4％に至り、2050年度の国民負担率（社会保障の保険料負担や消費税などの税負担が国民所得に占める割合）は71・6％に達し、その時の勤労者は、想像を絶する保険料に加えて50％以上の消費税を支払うことになる、と試算されています（『社会保障亡国論』講談社現代新書）。凄まじい社会保障給付費の増加は、その反面として、その時働いている勤労者が保険料や税金で負担していかなくてはならないものであり、その支払い金額は、政府が現在の年金などの社会保障制度の中で、約束してしまっているもの、すなわちすでに発生した、その人たちの債務だと言うのです。

社会保障における財政悪化の原因

日本の社会保障はなぜこれほど深刻な財政問題を抱えるに至ったのでしょうか。鈴木亘氏は社会保障亡国論の中で、諸悪の根源は、世界最速の少子高齢化が進む状況下にあってもなお、「賦課方式」という不適切な財政方式を、惰性的に続けていることにあると言います。賦課方式というのは、高齢者世代が受け取っている年金、医療、その他の福祉サービスにかかる費用を、主に今の現役層が支えるという財政方式のことです。そして、高齢者が多くなり、現役世代が少なくなっても過去に約束した福祉サービスを切り下げることをしていないのです。日本の年金制度は、設立当初からしばらくの間は、「積立方式」として、自分が将来に受け取る年金受益額に見合うだけの保険料を納めるしくみでしたが、１９７０年代初めから、なし崩し的に現在の「賦課方式」に移行してゆきました。すなわち、高齢者の年金額を増やすために積立金からの大盤振る舞いをはじめ、保険料も受益に見合うだけの徴収を怠ってきたのです。例えば、２０１４年1月現在の厚生年金保険料率は17.1%にもなりますが、１９７０年にはわずか4.6%にすぎませんでした。２００９年に厚生労働省が試算したところ。厚生年金と国民年金を合わせた年金純債務は、積立金が１５０兆円あるものの債務が９５０兆円あり、８００兆円に達していることが分かっています。これに厚生労働省が管轄していない共済年金の分を加えると、総額およそ900兆円程度になると思われます。鈴木氏によれば、純債務額は年金の他に、医療保険で380兆円、介護保険で230兆円あり、社会保障全体の純債務額は約1500兆円存在します。

これほどの純債務が生じているということを、国民一人ひとりに落とし込み、世代間不公平がどの程度のものなのか、見ることにしましょう。個人の雇用状況、家族状況によって、社会保障による損得は大きく変わりますが、ここでは社会保障からより利益を受ける、専業主婦の配偶者のいるケースで考えます（保険料率などの前提は、鈴木亘著『社会保障亡国論』・講談社現代新書　63ページをご参照ください）。そうすると、1940年生まれの人は年金、医療、介護の全体で4930万円得をすることになりますが、1965年生まれの人は、差し引きトントン、1970年生まれ以降の人は損となり、2000年生まれの人で3240万円のマイナス、2010年生まれの人で3650万円のマイナスになります。すなわち、2010年に生まれた人は、一人当たり3650万円の借金を背負って生まれてくることになります。これは一種の「幼児虐待」と言うべきではないでしょうか。しかし、家族の中では絶対に行わないような非人道的行為を、日本の社会保障制度は国民に強いているのです。

しかし、これほど大変なことが、どのようにして国民に隠されてきたのでしょうか？　年金は「100年安心プラン」によって、中長期的財政均衡が保たれていたのではなかったのでしょうか？　実は厚生労働省が発表した統計数値そのものに問題があったのです。

厚生労働省が2009年2月に発表した、年金財政の健全性を5年に一度チェックするための「財政検証」では、リーマンショックが起きている最中であるにもかかわらず、なんとリーマンショック前の景気好調時の統計数値が用いられていました。そして、今後100年近くにわたって運用利回りを年率4・1％という高利回りに設定し、賃金も年率2・5％で100年近く上昇することが前提になっています。さらに、当時も4割程度であった国民年金保険料の未納率が、2009年度中に2割に急減するという希望的想定になっているなど、まさに「粉飾決算」としか言いようがない代物です。その後日本経済はリーマンショックによる景気急落に見舞われ、2011年には東日本大震災、その後のデフレと2009年の財政検証で想定していたバラ色の経済状況からは全くかけ離れた「想定外」の状況が続いており、年金財政の健全性など、どこにも存在しない状況になりました。

制度改革の可能性

このような状況下で、政府は社会保障制度における最も重要な施策として、消費税率の引き上げを行いました。消費税率の引き上げとそのスケジュールは、民主党政権下で進められてきた「社会保障と税の一体改革」で議論され、当時野党であった自民党、公明党も含めた政策協調（3党合意）を経て、2012年8月の「一体改革関連法案」の成立とともに決定されたものです。安倍政権はこれを踏まえて2014年4月に消費税を5％から8％に引き上げましたが、消費の減退を招き、経済に悪影響を与えました。消費税を10％に引き上げるところまでは決定されているのですが、この後の現実の政治過程の中で、なかなか引き上げが行われていません。

消費税引き上げと並んで、今後の社会保障改革を考える上で重要な要素となるのは、2013年8月に公表された、「社会保障制度改革国民会議」の報告書です。今後の社会保障制度改革についての基本的な考え方を示したもので、①高齢者を特別扱いしない②社会保険への安易な税金の投入をしない③将来世代への負担先送りを速やかに解消、などという、それまでの政府の報告書になかった、鈴木氏によれば「正しい」方針が示されています。しかしながら、精神論はよくても、実際の報告書の具体論ではあまりめぼしいものは見られません。

それでは、厳しい状況にある社会保障制度を改革する方法はないのでしょうか？　改革の方向性として、すべての「数学的な」可能性を挙げるとすると、消費税などの税金の投入、保険料の引き上げ、支給年齢の引き上げ、給付の引き下げがあります。それぞれについて考えてみましょう。

消費税の引き上げによる対応の問題点は、若者に厳しく、高齢者に手厚い日本の社会保障制度における「歪んだ所得再分配」をさらに強化してしまうところにあります。日本の社会保障制度の根幹は、「社会保険方式」にあります。すなわち、給付は保険料の中から行うというものです。現在、基礎年金、介護保険、高齢者医療の半分は税金と借金で賄われている状況です。このような税の投入は、社会保険方式を採用している国々では殆どありえない規模に達しています。分かりやすく言うと、非常に高額の所得者に対しても、医療費の半分、介護費の半分、基礎年金の半分を、勤労世帯や将来世代が負担するということになるのです。このような方向性を強化していいはずがありません。保険料の引き上げはこれまで何十年にわたって繰り返されてきた年金改革の定番ですが、現役層のみへの負担増であり、若者への負担が増大し、少子高齢化をさらにもたらしてしまうという問題があります。

それでは、年金の支給開始年齢の引き上げはどうでしょうか？　現在、年金は支給開始年齢を60歳から65歳まで引き上げている最中であり、その完了には少なくても２０２５年度まで待たなくてはなりません。引き上げペースを現在の3年に一歳というペースから二年に一歳というペースにするということも理論的には考えられますが、企業の退職年齢引き上げとの兼ね合いもあり、スケジュールの変更は政治的に困難であると思われます。それでは年金の支給開始年齢を65歳からさらに引き上げていく場合、最終的に何歳まで引き上げなければならないのでしょうか。

厚生年金について『社会保障亡国論』の中で鈴木氏の行った試算があります。現在の状況では、積立金は２０３８年に積立金が枯渇する予想です。改革手段を支給開始年齢引き上げのみに限定して、三年に一歳ごとの現在の引き上げのペースを維持し、70歳まで引き上げた場合、２０５４年まで積立金が持つことになります。１００年安心プランの財政状況まで戻そうとすると、75・5歳まで支給開始年齢を引き上げなくてはなりません。これも、積立金の運用利回りを2・5％、賃金上昇率を2％、物価上昇率を1％とした、楽観的な計算なのです。これで、２０１１年現在の、基礎年金6万５７４１円、厚生年金受給者の平均年金受給月額16万3254円と同等の金額の支給ができると言うのです。支給開始年齢を65歳から70歳に引き上げることによる給付減は1374万円であり、75・5歳まで引き上げる時の給付減は2885・3万円です。政府は国民に、この年になるまで働き続け、賃金でなんとかしろ、と言うのですが、高齢者が安い賃金で働くと、それは若者の仕事を奪うことにもなりかねず、少子高齢化はさらに進行することになります。また、いくら最近の高齢者は元気になったとはいえ、75歳まで壮齢者と同等の仕事をすることは難しいのではないでしょうか。

最後に給付の引き下げについてコメントしておきます。現金給付される年金や、雇用保険については、今までに述べた状況の下では金額の多寡を述べられるような状況ではありません。それ以外の社会保険分野については、医療、介護、保育等の分野において実際にサービスが現物支給されていますので、その現物支給が適切かどうか、ということが問題になります。これも鈴木氏の見解に沿いますが、日本の社会保障産業は、その供給の効率性がとても低く、給付効率化の余地はとても大きいのです。その理由は、過剰な参入規制、価格規制が行われていることによって、この分野に競争原理が殆ど働いていないからです。安易かつ多額に投入されている公費・補助金の存在が高コスト構造を生み出し、さらには高コスト体質が社会保障産業の各分野に強大な業界団体や労働組合を組織させる原資となり、政治活動を活発化させる要因になっています。このように社会保障産業は、政治家、官僚機構、業界団体と結びつき、「安定的構造」を形成しており、しばしば「岩盤規制」と言われるように、改革の実現が極めて困難な領域をこの分野につくり出しています。

ここまで目を背けたくなるような社会保障分野の現実を見てきました。少子高齢化によって生じた社会保障分野の困窮は、さらに若者世代への圧力として降りかかり、少子化を進める可能性があります。いかにこの社会保障の問題から若者世代を守るか、というのがこの本の取り組むべき課題となります。この後に行うバックキャスティングの中で、その方法は姿を現すはずです。そのバックキャスティングに必要な情報を集めるため、次の章では、少子高齢化をもたらした東京一極集中問題、そして東京一極集中の反面であり、少子高齢化がもたらすもう一つの課題である、地方消滅の問題について現状把握を行うことにします。

第三章　東京への一極集中と少子化問題

東京への一極集中の原因

日本では三度にわたって地方圏から大都市圏に大量に人口が移動しました。

第一期は1960年〜1970年代前半までの高度成長期で、大都市と地方の経済力の格差が著しくなり、地方の若者が、集団就職により三大都市圏に集積した重化学工業の労働力として移動しました。人口移動の第二期はバブル経済期を含む1980〜1993年で、この時期には東京圏がサービス業、金融業を中心に著しく成長を遂げ、一方で地方に立地する重化学工業は円高により苦境を迎えました。このため、東京都と地方の地域間格差は再び拡大し、地方から東京圏への人口流入が大きく進みました。なお、この時期において関西圏、名古屋圏の人口は横ばいでした。第三期は、2000年以降で、円高による製造業への打撃、公共事業の減少、人口減少等により、地方の雇用が悪化し、若者を中心に人口の東京圏への移動が起こりました。総務省などの研究によると、東京と地方の有効求人倍率の差の推移と人口移動の推移は、きれいに一致しており、人口移動が、両者の経済・雇用の格差により生じていることが明確になっています。

日本では、1972年に田中角栄首相によって発表された「日本列島改造論」や大平政芳首相の研究会によって発表された「田園都市国家の構想」があり、活力がある多様な地域社会をつくるための努力が行われましたが、多くは地方の人口を支えるだけの雇用創出につながっていません。総面積で全国の3・6％にすぎない東京圏に、全国の4分の1を超える3500万人が住み、上場企業の約3分の2、大学生の4割以上が集中し、一人当たりの住民所得では全国平均の1・2倍、銀行貸出金残高は半分以上を占めるという現状が、東京圏への果てしのない人口集中を示しています。今、地方の雇用減少をかろうじて食い止めているのが、「医療・介護分野」での雇用だというデータもありますが、今後地方において高齢者を含めて人口減少ステージに入ると、医療・介護ニーズも横ばいとなり、地方の雇用が減退すると予想されています。

地方から大都市圏へ移動した人口は、累積すると1147万人（1954～2009）と言われていますが、大都市は、流入した若年層にとって結婚して子どもを産み育てる環境としては望ましいものではありませんでした。東京都の出生率は2013年で1・13と際立って低く、東京は日本全体の人口が吸い寄せられるブラックホールのようになっています。今後東京都に流入した労働者が高齢化し、東京は高齢化率35％の超高齢社会になると予想され、医師や介護施設への需要が高まります。このため、地方を支えていた医療・介護の分野の人材が地方から東京圏へ大量に流出するのではないかと懸念されます。

東京都の高齢化の現状

東京圏の高齢化の現状と予想を見ておきます。地方の高齢化率が上昇する中で、東京圏には若年層が流入し、高齢化率の上昇を抑制していました。２０００年において、高齢化率は全国平均で17・３％であったものが、東京圏（埼玉県、千葉県、東京都、神奈川県）では14・４％、２０１０年には、全国23％に対して東京圏20・５％でした。ところが、増田寛也氏編著の『東京消滅』によると、２０２０年には東京圏の高齢化率は26％を超え、２０４０年代以降は40％程度で推移すると予想されています。

増田氏は同書の中で、この高齢化率の上昇に伴い増加する、医療・介護ニーズを厚生労働省資料に基づき予想されています。医療ニーズについては、医療機関の入院ニーズは、75歳以上の高齢者数の推移にほぼ連動し、入院ニーズは２０１５年から２０２５年までに全国で12％、東京圏で22％増加し、２０４０年までに全国で18％、東京圏で39％増加します。外来ニーズは総人口の減少によりそれほど伸びず、２０１５年から２０２５年までに全国で横ばい、東京圏で５％増となり、２０４０年までに、全国で８％減、東京圏で４％増となります。

介護の増加率の方が、より大きいのです。介護ニーズは２０１５年から２０２５年までに全国で29％増、東京圏では45％増、２０４０年までに全国で53％増、東京圏では85％増になります。

介護についてサービス別に見ておきます。東京都高齢者保健福祉計画（平成27年～29年）による、２０１３年と２０２５年の比較は次の通りです。

・介護老人福祉施設及び介護老人保健施設の利用者数１・５倍
・訪問介護のサービス量１・５倍

・短期入所サービス1・9倍
・定期巡回・随時対応訪問介護看護8・3倍
・小規模多機能型居宅介護3・4倍
・看護小規模多機能型居宅介護27・4倍

東京圏の高齢化危機を回避するために

日本創成会議・首都圏問題検討分科会は、東京圏の高齢化危機を回避するための方法を提言しています。その内容を要約すると、以下のようになります。

①　医療・介護分野の「人材依存度」を引き下げる
外国人介護人材の受け入れを推進、ICTやロボット技術の活用、人材配置基準の緩和、保育と介護などの資格の融合によるマルチタスク型の人材の育成、医療・介護分野の一人当たり付加価値を向上し、賃金水準を高める方向に。

②　地域の体制整備と高齢者の集住化
既存の医療、介護施設を最大限活用するために、コンパクトな都市構造を目指し、都市機能を集約し、高齢者が徒歩や公共交通手段でサービスにアクセスできる地域に住むよう

誘導、大規模団地についても、高齢者の活躍する場の確保や医療・福祉拠点の整備、若年世帯の転入促進などにより再生を図る。空き家の敷地統合を促進し、医療・介護拠点に転用。

③　一都三県の連携・広域対応

東京圏では都県の境界を越えて医療・介護サービスが利用されている現状を踏まえると、東京圏の行政主体がしっかりと連携していく枠組みを構築する必要がある。

④　地方移住環境の整備

かつては60代前半に大都市の高齢者の相当数が地方へ移住していたが、近年こうした動きがなくなってきている。その原因としては、大都市の企業において高齢者雇用延長等が増えており、それをきっかけに大都市部に住み続けるケースが増えたのではないかと考えられる。しかしながら、年金生活をする高齢者の場合、現役世代より、物価の安さ、住宅環境、よりよい医療・介護を優先する地方指向が高いと考えられ、現実に2014年の政府調査では、50代の男性の51%、女性の34%が地方に移住を検討したいという結果が出ている。そこで、東京圏の医療。介護問題の対応として地方の受け皿をつくり、東京圏の高齢者が地方移住することが考えられる。受け皿として、生涯活躍のまち（日本版CCRC）構想は大いに期待できる。そして、地方では将来的には高齢者の減少により、医療・介護サービスに余裕が生じる地域が出てくる。これらの地域の医療・介護能力を利用する。

この四つの手法のうち、4番目の地方移住について、メディアなどから大きな反応がありました。

まず、CCRCとはContinuing Care Retirement Communityの略称で、退職後の高齢者が集まって居住する、介護ケア・生活支援サービス付きの地域共同体のことです。従来の高齢者施設との違いは、①高齢者は健康な段階から入居し、できる限り健康長寿を目指すことを基本とする②高齢者はサービスの受け手として「受け身的な存在」ではなく、地域の仕事や社会活動、生涯学習などの活動に積極的に参加する「主体的な存在」として位置づける③高齢者が地域社会に溶け込み、地元住民や子ども・若者などの他世代と交流・共同する「オープン型」の居住が基本になる、などの特徴があります。発祥の地であるアメリカでは、CCRCは全米に約2000カ所存在し、推定75万人が暮らしています。日本政府は、このようなCCRCに対し、日本語で「生涯活躍のまち」という名称を付けました。「生涯活躍のまち（日本版CCRC）」の実像は、これからつくられるものであり、現状ではまだ明らかでありません。これから地域ごとの特性を活かした特徴ある「まち」づくりがされることと思われます。

次いで、どこが医療・介護に余裕の生じる地域なのかについて、増田寛也氏の『東京消滅』（中央公論新社）の中で調査が行われています。調査では、「1人当たり急性期医療密度」と「介護ベッド準備率」という二つの新しい指標を用いて、各地域の医療・介護の提供能力の余力を評価しました。その結果、余力のある地域は北海道、日本海側、四国、九州に存在し、具体的には、函館、室蘭、高知、別府、大牟田、水俣、釜石、御坊、由利本庄、宇和島、七尾、日南などが挙げられています。

東京から見ると、高齢者が移住した数だけ介護を中心とした社会保障の負担が減ることになり、高齢都民を受け入れる自治体から見れば、社会保障サービスの明らかな負担増になります。現在でも、要介護状態の高齢者が市町村を越えて移動した場合、移動前の自治体がその高齢者の財務上の負担を支払う「住所地特例」という制度があります。しかしこの制度が適用されるのは、要介護状態で移動し、住所地特例対象の施設に入所または入居した高齢者のみであり、元気な高齢の都民が他の地域に引っ越し、数年後に要介護になった場合、その高齢者の介護費用は、引っ越した先の自治体が支払うことになります。このようなケースに関しては、引っ越す前の自治体が、負担をある程度引き受ける必要があるでしょう。

地方から見た、東京一極集中、地方消滅を食い止める手法

増田寛也氏は、ベストセラー著書『地方消滅』の中で、「人口減少」に対応するためには、国家戦略の基本構想を描くため、国に「中央司令塔」、ブロック単位で「地方司令塔」となる組織を置き、行政の「縦割り」を排除した、総合的な対応を行う必要があると言います。例えば、国土形成計画、医療計画、介護保険事業計画などに統合性を持たせることが必要であると説き、子育て支援だけでなく、産業・雇用、国土形成、住宅、地方制度などへの総合的な取り組みを

内容とする「長期ビジョン・総合政策」を推進していくことが求められるとしています。そして、2015〜2024年の「第一次総合戦略」で、希望出生率である1・8の実現と、東京一極集中に歯止めをかけることを目指し、2025〜2034年までの「第二次総合戦略」で2035年の出生率2・1と将来的な人口安定を図ることを基本目標に据えられています。

『地方消滅』の中に、東京一極集中に歯止めをかけるために、子どもを産める年代の若い女性を地方に引き留める政策が成功をしている都市のタイプが示されています。まとめると、このようになります。

第1は産業誘致型と呼ばれるもので、工場や大規模商業施設を誘致することにより、財政基盤の安定化を図り、住環境整備を進め、人口流入を実現させているモデルです。が、産業の変遷によるリスクが高いと指摘されています。

第2は大都市や地方中核都市の近郊に位置することを活かして、住環境整備を重点的に進め、定住人口を増加させるモデルです。

第3は学園都市型、公共財主導型と呼ばれるもので、大学や高等専門学校・研究機関を集積させることにより、若年人口の継続的な流入を持続させているモデルです。今後公共財主導型はあまり望めなくなりますが、海外に学園都市型で成功しているケースが多いという指摘があります。

第4は産業開発型と呼ばれるもので、地域の特徴ある産業を振興させ、雇用の拡大や、住民の定着を実現しているところです。秋田県大潟村（農業）や、福井県鯖江市（中小製造業）、北海道ニセコ町（観光）岡山県真庭市（林業）などが挙げられていますが、すべての都市がこのモデルを目指せるわけではないという指摘があります。

第5はコンパクトシティー化によるまちの利便性、魅力の増進により、人口の定着を図ろうというもので、最近これに取り組む市も増えていますが、現実に人口の増加に結びついたケースはありません。

このように見ていくと、東京一極集中対策においても、地方消滅対策においても、これをやれば、東京一極集中が改善し、少子高齢化問題の改善につながる、という確率の高いアイデアは、（CCRCを除き）生まれていないように見えます。

第四章　２０６０年からのバックキャスティング

これまでの章で見てきたように、日本の少子高齢化対策は、少子化対策、社会保障政策、国土政策としてそれぞれの分野で検討が行われており、効果的な対策が打ち出せずにいます。これらの分野を横断した、総合的な視点にたった対応はできないものなのでしょうか？　そこで、本章では、ひとつの試みとして、現状の分析と改善というフォーキャスティングの思考を離れ、将来、少子高齢化がうまく改善された社会を想像し、そこに至る過程を未来からさかのぼって考える、バックキャスティングの思考による分析を行います。これは、迷路のパズルを出口からさかのぼって解くようなもので、時に、思いがけない、無駄な思考の省略、あるいは思考の飛躍をすることができる効果的な方法です。

今回行うバックキャスティングの目的を、明確にしておきましょう。

「2060年に、『まち・ひと・しごと創生長期ビジョン』が想定する希望の国の形が実現できていると仮定し、そこに存在するシステムを予想し、現在（2018年）に存在する諸条件とどのように結びつくかをさかのぼって考え、2018年に欠けている政策・要素を埋める」ということです。

ただし、希望する国の形を考えるといっても、今まで述べてきた三つの分野で平行して望ましい社会を構想するのではなく、**少子化の解消に関わる部分を最初に集中して考える**ことにします。どうして福祉政策や、国土政策ではなくて、少子化問題の解消を第一の目的とするかというと、少子化問題が解消されていると、社会保障、東京一極集中の問題も軽減されているはずであり、逆に少子化問題が深刻化すると、他の二つの問題が解決のしようがないまでに深刻化しているはずだからというのが一つ、そしてもう一つは、社会保障問題、東京一極集中問題は解決されているが、少子化問題は解決さされていない未来は想定可能であり、そのような未来は我々すべてにとって望ましいものではないからです。

また、インフレや経済成長、政府の負債の推移などは、与件ではなく、少子化対策の進捗によって変化するものなので、数字の予想をここでは行いません。

人口については「まち・ひと・しごと創生長期ビジョン（以降長期ビジョン）」の数字を使用し、地域別の人口の積み上げ推計はせず、定性的な分析に留めます。細かい数字の積み上げに意味がないのは、それらは大きな方向性が変化するごとにいくらでも変わるものだからです。

そして、定量的な分析でないことは大きなマイナスではありません。なぜなら、定量的な分析は、我々が予想しようとする大きな方向性、政策の変化の結果を、数値的に表現するものにならざるを得ないからです。

複数の未来の可能性がある場合においては、私が独断で確率をとりあえず示しておき（おそらくこうなるであろうというルートには95％、難しいが一応可能性は存在すると思われるものには5％など）、確率ゼロでない選択肢については、A、Bなどと符号を付けて、この章の最後で精査することにします。それでは予想を始めます。

① まず、人口ですが、長期ビジョンでは現在国立社会保障・人口問題研究所が作成した２０６０年の中位予想８６７４万人（ここでは現状ケースと言う）を１０１９４万人（ここでは希望ケースと言う）にするとあります。この人口が達成されていると考えます（確率１００％）。死亡率については同じとし、約40年間で現在よりも子どもの数が、１５２０万人増えるということで、一年当たりの出生数にすると平均38万人増ということになります（確率１００％）。

② 一組の夫婦から生まれる子どもの数が2・2という過去の平均的な数字を使うと、夫婦の数は、40年間合計で約６９０万組、現状ケースよりも増えることになり、年平均にすると約17万組増えることになります。この時代に結婚する世代の人口は、一年当たり男女とも50～60万人程度ですから、現状ケースの結婚率が現在と同じ約6割とすると、現状ケースで年間に成立する夫婦の数は30～36万組になります。17万組をこの現状ケースの数字に足すと、47～53万組となり、すなわち希望ケースでは高度成長期と同じような結婚率95％程度の皆婚時代になっていることになります。現在、若者が結婚を希望する割合が95％ですから、若者の希望がかなえられる時代ということになります。

一組の夫婦から生まれる子どもの数が増える、あるいは婚外子が増えるという可能性もあります。しかしながら、エンゼルプラン以来二十数年子育て支援政策を続けてきても、第三子を持つという選択はなかなか増えておらず、さらには婚外子を容認しない日本の社会風土が簡単に変わるとは思えませんので、婚姻割合が上がっている可能性の方が高いと思われます（確率90％A）。しかし、一方で第三子を持つことに対し、極端なインセンティブ（一時金１０００万円を主張する論者がいます）が与えられるなどして、完結出生率が上がっている可能性もあります（確率５％A）。もちろん婚外子が増える可能性もゼロではありません。

③　この若者の皆婚は、強制ではなく、本人たちの期待が満たされた形で達成されなくてはなりません（確率１００％）。家族社会学者山田昌弘氏の言う、女性が結婚を選択する条件である、住宅の質、ある程度の収入、そして自由な時間という条件が満たされている必要があります（確率95％B）。

ただし、日本の戦後のように、皆が子どもの頃から貧しくなり、女性の結婚に求める条件が下がる、という可能性も理論的には考えられます（５％B）。**女性の求める条件が変わらないとすると、カップルが住める、子ども2人を産み育てることが可能な住宅が通勤圏内で存在することになります。子どもの数が現状ケースまでの数量の住宅は、収入が比較的多い若者が自力で入手しているとして、増加分の年17万戸の住居が、夫婦合計で年収300万程度という、現在子どもを持つことが難しい若者世帯に何らかの方法（例えば保育・介護等の分野で新しい雇用の創出・若年層の雇用条件の改善・住宅補助・住宅価格の低下など）で供給されている、というのが、バックキャスティングから導かれます（確率**

100%。ここでは、どういう方法で、ということは問わず、住宅の供給がある、イエスかノーか？　という風に考えます。住居を持たずに結婚することはありえないので住宅の供給がある、という点については確率100%です）。

ここで、どのような方法で、という議論はとても重要で、これまで少子化対策において議論が集中した点でした。後程述べます（C）。

④　この新たに供給される年間17万戸の子育てに適した住居は、通勤圏内にあり、学校など社会的インフラが整っている場所にあるなど、さまざまな条件を満たしていることが必要ですから、そのような場所に、今後安価に新築の家屋が大量に供給されるということはありえません（確率95%）。現在雇用が存在する東京圏中心部に、収入が少ないためこれまで住宅が入手できていない若者に手が届く低価格の新しい住宅をつくることはコスト的に無理ですし。東京圏周辺部にできていて空き家になっている住宅は、通勤可能性などの面で必要条件を満たしていません（D・E）。ただし、介護など社会保障分野の雇用が東京に移り、それが大量であった場合は、若者の雇用増、若者用住宅増までつながる可能性もあります（確率5%）。しかしこの場合は、東京における社会保障費の増加が著しくなるので現実的ではありません。その他の方法で、新たに雇用のある街づくりができる可能性は現在発見されていません。

⑤　そうなると、**現在すでに存在している住居が、それらの若者の居住用に使われなくてはならない（確率100%）**ことになります。若者が、高齢者から相続により入手する住宅については、すでに現状ケースに含まれていると考えられます。相続でなく、多くの住宅が、高齢者から若者に移転しているとすると、**かなりの数の高齢者が、地方に移住するという選択をし、都会にある現在の高齢者の住宅が若者へ賃貸されている、あるいは条件の良い賃貸物件が若者に譲られていると思われます**（確率90%）。例えば、現在首都圏で賃貸価格が月15万円程度の住宅が、今後供給が増えることで月10万程度になり、そこに子育て期間の夫婦には、月5万円程度の住宅補助がある、という形が考えられます。これであれば、若者がパラサイトをやめて「希望に満ちた」子育て生活を始めることができます。

もう一つ、高齢者の住宅に若者夫婦が同居しそこで子育てをする、という可能性があります（確率5%）。しかしながら、プライバシーを大切にする現代の若者にとってこれは難しい選択でしょう。都会の空き家に手を加えて若者が住んでいることも考えられます（確率5%）。しかし、空き家には、空き家になっているさまざまな理由が存在し、その問題を解決して人が住める状態にまで回復するには、新たな住宅を建設することさえ超える、大変な手間がかかります。

⑥　地方に移住する高齢者の受け入れ先として考えられるのが、現在存在する地方の空き家であり、あるいは長期ビジョンで検討するとされている、日本版CCRC構想（Continuing

Care Retirement Community）です。日本版ＣＣＲＣ構想は、「東京圏をはじめとする都会に住む高齢者が、自らの希望に応じて地方に移り住み、地域社会において健康でアクティブな生活を送るとともに、医療介護が必要な時には継続的なケアを受けることができるような地域づくり」を目指すもので、①高齢者の希望の実現、②地方へのひとの流れの推進、③東京圏の高齢化問題への対応、がこの構想の意義だとされています。日本版ＣＣＲＣ（これは後で言うシルバーマネー地域と殆ど重なります）がどんなものなのか、地方に存在する空き家や地域インフラをどのように利用するか、あるいは都会にある空き家を利用できないのか、これは大きな問題です。

⑦　第三章で述べたように、内閣官房が２０１４年に行った調査によれば、東京都在住者のうち、地方へ移住する予定または移住を検討したいと考えている人は、50代では男性50・8％、女性34・2％です。しかし、高齢者から若者に、年間17万戸の家族用住居を移転させるということは、**例えば毎年60歳に達する160万人のうち、5分の1近い25～35万人が、それもかなりの割合で夫婦で、数年のうちに都会から地方に移住するということになり、移住に関し、よほど大きなインセンティブが働いている**（１００％）と考えられます。

⑧　**年金を受け取っていない層が大量に地方に移動するのであり、なおかつ地方にそれだけの人を働かせる既存の雇用がないのですから、移住した人たちには、生活ができる収入が**

保証され、なおかつ移住先で、新たにつくられた仕事などを含めた人間らしい生活ができている、ということになります（１００％）。

⑨　政府の一般会計の中からこの移住者の生活費を供給することはできません（１００％）。とすると、**現在の日本の財政状況と、バックキャスティングで導かれた高齢者の大量の地方移動という将来予測が絶対的に不整合**なのです。そこで、ここで現在存在しない、**この二つの状況を結ぶ新たな社会システムを導入**します。それが、**高齢者が支給されるシルバーマネー（仮称）**です。

⑩　なぜ、シルバーマネーが必要なのか、大変重要なので、社会保障と国民負担の現状をもう一度見ておきましょう。前述したように、２００９年の厚生労働省の試算によると、国民年金と厚生年金を合わせた年金純債務は８００兆円に達し、医療保険の純債務は３８０兆円、介護保険が２３０兆円で、社会保障全体の純債務は１５００兆円にのぼり、これが政府債務の１１０７兆円とは別に存在しています。そして、経済学者の鈴木亘氏は、厚生年金の積立金は２０３８年に、国民年金の積立金は２０４０年に枯渇すると言います。今は、社会保障給付のかなりの部分が税金、一般会計から賄われていますが、消費税の５％増税によって増える税源は年間13・5兆円程度にすぎず、鈴木亘氏は、消費税収を「高齢者三経費等」（基礎年金、高齢者医療制度、介護保険の国家負担分、子育て経費）

にあてるとすると、２０５０年には消費税が30・7％、２０７５年には41・5％だと予想しています。あるいは年金の給付を70歳、あるいは最悪75歳まで引き上げる、あるいは保険料を引き上げ、国民負担率85％など、どれを選びますか、という状態だと言います。もちろん、国民が、そうですかと受け入れることのできる数字ではありません。そして、消費税が上がった場合も、保険料が上がった場合も、あるいは年金支給年齢が引き上げられ、その年齢まで高齢者が労働市場で働き続けた場合も、若年層の生活は大変厳しいものとなり、少子化はさらに加速することになります。**そこで、これらのどの方法もとることはできない、そこで現在の円を前提とした財政、社会保障システムを越えて、高齢者の社会保障を行うために、新たな通貨を発行しているのだ**、と考えるわけです。

本当に現在の円の経済に影響を与えないで、新しい通貨が発行できるのか、それはどんな法的な位置づけになり、どんな性質を持つものなのか、検討しなくてはならない点は山積しています。これについては次章で真正面から取り組みます。

⑪　ただし、**高齢者がある程度の割合で地方のシルバーマネー地域に移動していて、彼らにシルバーマネーで年金が支払われている（１００％）**、というだけでは、この地域が機能しているとは言えません。その地域に住んでいる高齢者にさまざまな物やサービスが供給され、特に介護、医療サービスが供給されていることが必要です。そのサービスが、若年層などの労働力で行われていると考えることはできません。その場合、そのサービスに対

する対価は円で支払わなくてはならず、高齢者が移動した先の自治体か、高齢者がそれまで住んでいた自治体のいずれかで負担しなくてはなりませんが、どちらにもそんな財政力はないわけです。そこで、シルバーマネーを用いた新たな介護システムが機能しており、そのもとでは**元気な高齢者がより介護を必要とする高齢者を介護していると考えられます。助け合いの社会が実現しているのです（１００％）。**大切なのは社会の実体を変えることです。

ここまで分析したことを簡単にまとめると、少子化問題が解決した２０６０年の社会では、高齢者がかなりの割合で地方に移住し、そこでシルバーマネーで年金をもらいながら暮らし、お互いに医療・介護サービスを行いながら生きている、そして、都会では、高齢者の住んでいた住宅に、住宅補助などを受けつつ若者が住み子育てをする、ということになります。

シルバーマネーがどんなものか、シルバーマネーが地域や高齢者の生活にどのような影響を与え、どのような高齢者地域が生まれるかについては後程詳しく述べますが、ここでは２０６０年を想像しやすくするため、議論を省略して、きたるべき社会を簡単に描いておきます。

国民は、年金を現金で70歳すぎから受け取るか、60歳からシルバーマネーで受け取り、シルバーマネーが使える地域（ＣＣＲＣと重なる）に住む、という選択ができるようになりました。

国民に選択権があるので、日本各地にあるシルバーマネー地域は、それぞれの地域の特色を活かした設備をつくり、移住してくるよう高齢者にアピールしています。どの地域も、日本という国、社会のために貢献してきた人たちが誇りを持って楽しく生活できる魅力的なものになっています。単に住居だけでなく、集会施設、生涯学習施設や、スポーツ施設、農園なども用意されています。温泉施設のあるもの、近くにゴルフ場のあるものもあります。そこに移り住んだ人は、そのコミュニティーの中でシルバーマネーで年金を受け取りつつ、地域の中にある介護施設や公社で役割を担い労働することで、より豊かな、やりがいのある、楽しく長い老後を過ごすことになります。

シルバーマネーは、住居費、光熱費、基礎的な食糧費、介護費用など地域内で供給されるサービスに対して使うことが可能です。居住者は、都会で貸している住宅からの現金収入がある人も多く、貯金してきたお金を使うこともできます。シルバーマネー地区内での商店では、価格が円とシルバーマネーの両方で表示されています。また、居住地域については変更が可能であり、全国のCCRC等、シルバーマネー地域を渡り歩く楽しみもあります。

シルバーマネー地域における住宅は、古民家を修復した建物を売りにしている地域もありますが、介護の利便性のために、道路、水道などのインフラが昔から存在していた過疎地域に、集合住宅を新たに建てたものが多いようです。どの地域もデベロッパーがグループホーム、夫婦用住宅など需要を予測してつくったもので、殆ど空きがない状況です。大きなものでは5万人の高齢者コミュニティーもあります。

介護施設、医療施設については、シルバーマネー地域周辺の既存施設を取り込んだところもあるようですが、シルバーマネー地域内では訪問介護が中心です。また、公社がつくられ、新たに住民のためにつくられた介護施設もあります。それらは、シルバーマネー地域の住人の高齢者が働いて運営しています。使われているお金はもちろんシルバーマネーです。住人の住宅の一戸当たりの建設費は、昔沢山つくられた公営住宅の一戸当たり１２００万円程度よりも、(土地代が安いので）かなり安いようです。しかし、終の棲家として心の休まる、デザイン性にすぐれたものになっています。

居住者は、20年程度で入れ替わるので、全国につくられたシルバーマネー地域の戸数は、３４０万戸(年17万戸　×20)程度です。建設に要した総コストは３４０万戸　×　１２００万円弱、建設国債を発行して10年かけて、40兆円くらいで国がつくったそうです。しかしながら、地域内の医療・介護などは、殆どシルバーマネーで運営されるので、国の保険財政は大幅に改善されています。

・２０６０年に向けて、出生数38万人増（年間）
・婚姻数17万組増（年間・皆婚時代の復活）
・若者に追加的に供給される住宅17万戸（年間　×20年程度既存住宅の賃貸）

・高齢者の地方移住数34万人（年間）
・シルバーマネーによる60歳からの年金支払いがインセンティブ
・地域ケア付き高齢者住宅の建設３４０万戸（17万×20）
・高齢者住宅の建設コスト40兆円40年で建て替え
・若者への住宅補助年間二兆円程度（子育て中のみ・低所得層）

この章の最後に、先ほどバックキャスティングの流れを止めないために積み残した、いくつかの論点について再びとりあげ、議論をしておきたいと思います。

Ａ　皆婚社会を目指すのか、それとも高いインセンティブで、３人目以降の出産を奨励するのかという論点です。大正大学客員教授の河合雅司氏は、著書『未来の年表』（講談社）の中で、第三子以降が沢山生まれる社会とならなければ、出生数減少に歯止めをかけられないとし、第三子以降に子ども1人につき1０００万円規模の給付を行うべきとされています。これで毎年約30万人の３人目の子どもが生まれるとすると、毎年1０００万円×30万＝３兆円の対策費で少子化問題解決ということになります。しかし、これは生まれてくる子どもを言葉は悪いですがお金で買うようなことになってしまい、社会の在り方としてどうかと考えてしまいます。子どもを持たない人が、他人の子育ての費用を負担することを受忍するのか、という問題もあります。

また、子ども2人を育てることのできる家庭と、3人を育てることのできる家庭では、夫婦の働き方、住宅の広さ、教育費の負担などに大きな違いがあることを忘れてはいけません。

私は、社会の未来を考える時、まず人の苦しみを取り除き、皆が望んでいる形に近づけ、多くの人の愛が自然と現れるよう導き、そして豊かな文化性を生み出さなくてはならないと考えています。ならば、社会の未来の在り方として、3人目以降の出産に高いインセンティブを与えるよりも、皆婚社会に導き、多くの人の希望がかない、寂しい思いをする人が少なくなる選択肢を選ぶべきだと思いますし、だからこそ未来社会はそちらの方向に進んでいる可能性が高いと判断するのです。

B　社会的に女性に早く子どもを産むように強制する運動などにより、社会的条件が整わないのに結婚・出産が強制される世界がこれに近いものだと考えられます。望ましくないのは言うまでもありません。

C　どのような方法で若者の収入や生活レベルを上昇させ、出生率の回復に結びつけるかが、これまで議論されてきました。もちろん正社員の割合を上げ、最低賃金を上げ、雇用状況を改善する努力を行うことは何よりも大切です。しかし、その方向での努力で、現在の都市構造を前提に少子化を改善するのは、かなり難しいということが、バックキャスティングを行ったことにより、見えてきました。

すなわち、少子化対策という観点では、住宅の供給ということが先にあり、雇用条件の改善というのはその手段の一つとなります。雇用条件が改善したとしても、住宅の供給量が今と同じであれば、経済学の論理から行けば、賃料が高騰し、結局若者に住宅は供給されないのです。高齢者は、バブル時代を経験し、あるいは景気のいい時代を生きてきましたから貯蓄があります。若者が同世代同士、あるいは高齢者との生存競争の中で住宅を獲得しようとした場合、少々賃金が上がっても競争に勝って、住宅を入手するというのは難しい可能性があります。すなわち、**若者の、雇用条件の改善を議論することとは離れて、いかに住宅を供給するかも議論しなくてはならなかった**のです。

保育、介護の分野で都会における若者の職場が増えたとしても、そこに高齢者がいれば、やはり住宅市場で高齢者と若者のバッティングが起こり、若者に住宅を供給することができません。住宅補助を単純に増やしても、それが不動産賃貸のマーケットの価格を引き上げることになれば何もなりません。マーケットに中古住宅が多く供給され、価格が下がり、そこに住宅補助を行うことで、若者が住宅に手を伸ばすことができるのであり、そのためにも高齢者の地方移住が必要であると考えられます。

D　東洋大学・野澤千絵教授の著書『老いる家崩れる街』（講談社）に、現在の日本には世帯数を大幅に超えた住宅がすでにあり、空き家が右肩上がりに増え、2013年に約820万戸の空き家が、10年後に（2023年）には約1400万戸、20年後（2033

年）には約２１５０万戸となり、３戸に１戸が空き家になると書かれています。しかしながら、この予想は、日本の将来人口が２０６０年に８７００万人、現在の7割に減るということが前提なので、希望ケースではこれほどの空き家数にはならないと考えられます。また、同書は、現在羽生市（埼玉県）をはじめ日本各地で、規制緩和を利用して市街化調整区域などに需要が見込めないような賃貸アパートが大量につくられていることなどを紹介し、賃貸住宅１８５２万戸のうち４２９万戸が空き家になっている（２０１３年住宅・土地統計調査）と指摘しています。このような状態で、果たして若者に十分な住宅が供給されていないと言えるのか、という問題はあります。しかしながら、例えば収入が少なく結婚することを迷うようなカップルにとって、車で通勤、買い物を行うような賃貸住宅は、そもそも車が所有できないので選択肢にならず、同様に、空き家になっている住宅は、古い、狭い、学校から遠い、勤務地から遠いなど、何らかの意味で、選択肢にならない住宅である可能性があります。住宅がある地域に雇用を持ってくることは難しく、**空いた住宅をどう利用するかは、少子化対策とは別の新たな問題**として捉えるしかありません。ただし、**このような都会周辺の既存空き家住宅を用いてＣＣＳＣ・シルバーマネー地域を都会周辺につくる検討を行う必要はあります。**

Ｅ　「東京の一極集中は歴史的必然であり、地方に回すお金が枯渇しつつある今、東京が世界的に競争力ある都市になり、率先して稼がなければ、地方にとっても得はない。東京が沈めば、地方が沈み、日本が沈んでしまう。だから、これからは国土の均衡ある発展ではなく東京にさらに資源を集中させて競争力を強め、日本が国際社会で戦えるようにするべきだ。首都圏直下地震の被害などたいしたことはない。東京の容積率をさらに引き上げ、沢山のタワーマンションも建てるべきだ」というスタンスをとる論者がいらっしゃいます。都市政策専門家の市川宏雄氏です。この方の議論に正面切って賛同される方は多くないようですが、しかしこのような考え方が少数派でないことは私も承知しています。逆にこのような考え方が日本の主流だったから、日本は地震の危険性の高い東京に世界に類のないビジネス・人口集積をつくりあげたのです。

私の考え方も、市川氏と正面からバッティングするものではありません。東京が日本の中心、ビジネスの中心として輝いてくれなくてはならない、という点については私も同感です。しかしながら、そのためには東京の高齢化を防がなくてはならない。東京に住む若者にも人間らしい家庭生活を送ってほしい。この思いで、東京からの高齢者転出を促進しようとしているのです。東京湾岸に供給されつつあるタワーマンションや、あるいは東京圏に新築されている一戸建て住宅は、若者が気軽に住める価格帯のものではありません。そして周辺都市に大量に供給されている賃貸住宅は居住の条件が整わないものが多いのです。そこで、バックキャスティングの考え方に従えば、少子化がストップし、若者に雇用の存在する都会において（現状では存在しない）住宅が供給されているとすれば、それは高齢者の地方への移住による中古住宅の供給によるものだと考えます。

第五章　シルバーマネーとは何か

シルバーマネーの性質

なぜ、シルバーマネーというものを考えなくてはならないかをもう一度整理します。

バックキャスティングから導かれたのは、現在の少子化、社会保障制度の疲弊、都市への人口集中のもとでは、高齢者が都会から地方に移住し、そこでお互いに助け合い、介護をしあいながら、楽しい文化的な老後を送れるようにしなくてはならず、それを実現するため、その地域の居住者にはそこでの生活のための「お金」が必要であるということです。そして、現在の日本の財政状況の下では、国の一般財源あるいは保険制度を用いて高齢者を支えることができないため、そのお金の発行は日本の円ではなく、日本の財政に影響を与えない、新たな「何か」である必要がある、ということでした。

ここで、その「何か」――シルバーマネーに要求される性質を確認しておきましょう。

まず、そもそも「マネー・お金」と呼ばれるために必要な性質は、シルバーマネーも持つ必要があります。

① お金の基本的な性質に「譲渡性」というものがあります。それは、一般の人々が「これ

は自分の債務の弁済に使用できる」と認識し、支払いや借金返済などに使用され、人から人へと渡っていくことが可能であることです。シルバーマネー地域の高齢者が、何かを手に入れたい時、シルバーマネーを使って支払いができること、これが大切です。そこで、すくなくともシルバーマネー地域において、シルバーマネーは「強制通用力」を持つと考えられます。シルバーマネーは年金として、生命・生活を維持するために支払われるがゆえに、シルバーマネーで購入できる物やサービスの種類、あるいはシルバーマネーを支払いとして受け取らなくてはならない物品の販売者あるいはサービスの提供者を限定することが難しいのです。そこで「強制通用力」が必要です。

② お金は「計算単位・価値基準」となり、商品の価値を測る物差しにならなくてはなりません。野菜の値段・土地の値段、すべての物の価値は変動しますが、その基準となる価値、例えば円の価値が大きく変わると、激しいインフレやデフレという経済現象になり、安定した経済生活ができません。円は基本的には一定の価値を持ちながら、他の通貨との間で、それぞれの国の経済状況の変化によってレートが上下します。シルバーマネーも同様に、基本的には一定の価値を持ちながら、円の間に、必要に応じて緩やかなレートの上下がある、という関係を持つのが望ましいと考えられます。

③ お金の性質には「価値貯蔵手段」としての機能があります。お金を持っていれば、現在

だけでなく、将来においても購買力を持つことができる、という価値の保存性が重要な要件と考えられています。ところが、このお金の価値貯蔵機能については、これまで考えられてきたいくつかの並行通貨において故意に低下させ、並行通貨の過度な貯蔵を防ぎ流通を促進することが試みられています。しかしながら、シルバーマネーについては、地域内の強制通用力を想定するので、そのような性質は必要ないでしょう。

④　4000年前にさかのぼりますが、メソポタミア文明において、シュメール人が粘土板に楔形の印を刻んで記録する楔形文字を発明し、楔形文字で粘土板に、「この粘土板の所有者に、誰々が、小麦等をいくら渡す」などと書かれた「債務の記録」を残しました。これはいわゆる借用証書であり、この借用証書が当事者以外に流通することとなり、お金の原型となっていました。これを踏まえ、経済評論家三橋貴明氏は、『日本人が本当は知らないお金の話』（ヒカルランド）の中で、お金の正体を「債権と債務の記録である」と表現しています。

お金とは「債務と債権の記録」であり、「債務」でもある以上、債権者側が債務不履行の可能性に頭を巡らせてしまうと、お金というシステムは成立しなくなってしまいます。そこでお金の成立条件の四つ目は債務不履行の可能性が低いことです。債務不履行を防ぐための「担保」が必要です。この「担保」が何であるかについては、そのお金の法的な性質をどのように捉えるかによって変わってきます。少し長くなりますが、ここでシルバーマネーの法的な性質と担保について述べておこうと思います。

まず日本銀行が発行する紙幣の担保について考えます。

日本銀行の日本円発行の根拠となっているのは、日本国の法律です。我が国は、「通貨の単位及び貨幣の発行等に関する法律」において、日本円を通貨と定めています。

（通貨の額面価格の単位等）
第二条　通貨の額面価格の単位は円とし、その額面価格は一円の整数倍とする。
３　第一項に規定する通貨とは、貨幣及び日本銀行法（平成９年法律第８９号）第４６条第一項の規定により日本銀行が発行する銀行券をいう。

同法において「貨幣」とは日本政府（財務省）が発行する硬貨を意味します。

さらに、日本銀行法に「日本銀行券（現金紙幣）」の発行についての定めがあり、日本銀行券には強制通用力が与えられています。

第五章　日本銀行券（日本銀行券の発行）
第４６条　日本銀行は、銀行券を発行する
２　前項の規定により日本銀行が発行する銀行券（以下「日本銀行券」という）は、法貨として無制限に通用する

日本銀行は国債等の債券を市中銀行から買い取る代金として、日本銀行券（及び日銀当座預金残高）という日本円を発行しています。この意味で、日銀券は日銀の借用書です。日本銀行の負債であるお金の裏には、国債などの資産、担保が必ず存在します。そして、もちろん法律でその存在が定められ、強制通用力が与えられていることが、もう一つの紙幣の担保なのです。

二種類目の日本銀行券として日本銀行がシルバーマネーを発行する場合、シルバーマネーは現在の日本銀行券と同じく日本銀行の借用書となり、日本銀行は日本国政府から国債を買い取る代金として、シルバーマネーを発行するということになります。

ところが現在日本は、いくらでも国債を発行しても良いという状況にありません。この

点については後程議論しますが、国債をいくらでも発行しても良いということになると、シルバーマネーをつくらなくても、円の国債をいくらでも発行して高齢者に年金や生活保護を与えればいいわけです。しかしながら、その場合、財政健全性が損なわれる、現在の国債の価値が下落するなどの問題が生じるので、それはできません。そこで、シルバーマネーで日銀が買い取る国債は、返済に関して劣後順位の物にしておけばよいと考えます（従来の国債の返済が確実に返済できる場合でないと返済しない——ただし実際に国は通貨を発行する権利を持つので、国債を返済できないことはありえないのですから、シルバーマネーの劣後性は観念上のものです）。

一方、日本政府が発行している硬貨は「債権と債務の記録」ではありません。

日本銀行券と、政府が発行する硬貨は、起源が全く異なります。紙幣は歴史的な経緯で言うと、もともと金貨や銀貨という資産の預かり証だったのです。ところが、政府が硬貨を発行する時に、政府に何らかの債務が発生するわけではありません。実は、日本政府が発行している硬貨は、流通額の殆どが一般会計において、歳入に組み入れられています。すなわち、バランスシートの貸方に「政府の負債」として貨幣が計上されているわけではないのです。『硬貨の誕生は、「硬貨を鋳造する存在」である政府に対し、「低コストで『債務にならない形で』お金を創出する力」を与えたことになります。このため、硬貨の担保として国債があるわけではありません。シルバーマネーを発行する場合も、この政府のお金を創出する力を用い、日銀を介さず、国債を発行せず、政府通貨として発行するという選択肢もあります。私は、シルバーマネーは発行額がそれほど大きくなく、使用法においても流通経路においてもシンプルで、現在の日銀券と同じ複雑なシステムを利用する必要性がないと思うので、こちらの選択肢の方が適切であると思います。

結局、日銀券としてシルバーマネーを発行する場合も、政府紙幣として発行する場合も、あらゆるお金の担保はたった一つ、国民経済の経済力です。ここで言う経済力とは「国民のモノやサービスに対する需要を、国民の生産能力で満たす力」ということになります。私が日本に第二通貨の発行を行うべきだと考えるのは、現在の日本は国債を大量に追加発行できる状況にないが、日本の経済力は、まだまだ十分にあると考えるからです。そして、シルバーマネーは、高齢者を地方に移動させ、若者の介護負担を軽減し、将来の日本の経済力減少を防ぐために発行するものですから、第二通貨を発行しても、「担保の減少」ということにはならないのです。

⑤ シルバーマネーの発行主体について検討しておく必要があります。本来お金とは「債権と債務の記録」であるとすると、通貨単位が明確であり、譲渡性があるなど、お金の条件をすべて満たすものは、小切手や手形のようなものも含まれ、政府でも中央銀行でもない、

一般企業や個人が発行することが可能なのです。しかしながら、年金を支払う手段としてのシルバーマネーですから、その「担保」力は、やはり国の経済力であるべきです。小切手や約束手形、最近では、ビットコインなど通貨に近い性質のものがありますが、発行主体が個人や、あるいは不明または不完全なものでは、シルバーマネーを信用して都会から地方に移住するわけにはいかないでしょう。それから、ビットコインについては2018年2月に日銀の黒田総裁が、ビットコインを仮想通貨と言うべきでない、仮想資産と言うべきであると、ビットコインの通貨性を認めない発言をしました。ビットコインが、円やドルに対して価値を乱高下させている現状では、ビットコインには通貨性がないと言わざるを得ません。政府が関わらない、ブロックチェーン技術などを用いる他の仮想通貨も、価格の安定や、強制通用力の観点から通貨性を認めにくいと思われます。

最後に、もう一つ、シルバーマネーの発行主体を県などの地方自治体にするということも考えられますが、自治体では「準用財政再建団体」になり、自治権を失うこともあり、年金事務を行う主体でもないので、発行主体として不適切であると思われます。

⑥　日本の円の強制通用力はもちろん日本のすべての国土に及びますが、シルバーマネーの強制通用力については、シルバーマネー地域という、限定された地理的範囲を設けて制限すべきだと思われます。その理由は、何よりもシルバーマネーが高齢者を都会から地方に

移住させる目的で発行されるからです。シルバーマネー地域が、具体的にどういう場所で、そこにどのような施設が存在するのかは、改めて考えます。

⑦日本円とのレートも考えておくべきでしょう。私は、基本的には一定の価値を持ちながら、円の間に、必要に応じて緩やかなレートの上下がある、という関係を持つのが望ましいと考えています。このレートの上下は、シルバーマネー地域の管理者が行うべきだと思います。市場でレートが決まるようなことにすると、必ず独占や投機などの問題が起き、シルバーマネーを通貨として安定して使うことができません。しかしながら、シルバーマネー地域内での物価は、円とシルバーマネーで表示されるわけですから、そのどちらかが集中的に選択されるようなことがある場合、それは消費者の経済感覚とそのレートが乖離しているということですから、レートは経済感覚の方に合わせなくてはなりません。そこで、管理者を置き、レートを変更できる権限を与えるべきです。そしてそのレートは全国一律でなければなりません。

⑧シルバーマネー地域を管理する組織は必要で、そこにある施設や住宅を管理し、居住する人からシルバーマネーで家賃を受け取り、直営のものがあれば介護施設を運営・管理し、介護能力のある高齢者を雇い、介護費用を徴収します。そのような際に、国が地域にシルバーマネーを貸し付け、地域が居住者にシルバーマネーを貸し付けることが生じると思い

ますが、その際に、金利は徴収するべきでないと思います。

シルバーマネーは日本円と何が違うのか

シルバーマネーを、高齢者の地方移住の促進という目的の他に、社会保障財源枯渇の対策として発行する、という説明については、読者は、どうして国債をもっと大量に発行し、通常の円を年金や生活保護給付として高齢者に配ることができないのか、という疑問を持たれるだろうと思います。経済活動の中で使われているお金の量が、GDPに直接影響を与えるから、景気を良くするために、消費税増税を止め、逆に公共事業をして通貨の量を増やすべきだ、という論者からすれば、社会保障費を賄うためにも、いくらでも国債を発行して円の供給を増やすべきだということになるでしょう。しかしながら、財政規律が大切で、増税までしてプライマリーバランスを目指すべきだという論者が存在し、際限のない国債の発行に多くの国民も違和感を覚える中では、そう単純にいきません。私はここで、その議論について深く入りこもうとは思いませんが、「少子化対策」を基準に考える場合でも、高齢者への社会資源の投入が増える、円の発行による際限ない社会保障費の増大は避けるべきだと思います。

問題なのは、今財政規律を守るために、消費税増税や保険料引き上げを行って社会保障を行おうとしていることです。第二章で述べたことですが、消費税の引き上げによる対応の問題点は、若者に厳しく、高齢者に手厚い日本の社会保障制度における「歪んだ所得再分配」をさらに強化してしまうところにあります。日本の社会保障制度の根幹は、「社会保険方式」にありますが、現実には、現在、基礎年金、介護保険、高齢者医療の半分は税金と借金で賄われている状況です。分かりやすく言うと、非常に高額の所得者に対しても、医療費の半分、介護費の半分、基礎年金の半分を、勤労世帯や将来世代が負担するということになるのです。このような方向性を強化していいはずがありません。保険料の引き上げは現役層のみへの負担増であり、若者への負担が増大し、少子高齢化をさらにもたらしてしまうという問題があります。

通貨の量を増やして対応すべきだという政治勢力は財政規律を重視する勢力に現実的に敗北しており、消費税の増税が行われようとしています。「財政規律」という言葉がある限り、円による際限のない社会保障費の増額はできないのです。「財政規律」については、現実の行政・政治においては、なぜ必要なのか、という問いを許さないほど、当然のものとされています。財政規律が大切にされるのは、この観念を失ってしまうと、労働力をはじめ沢山の資源の適切な社会的配分ができなくなるという現実的問題があると思われます。また、金融市場から政府の信用が失われると、国債が投げ売りされ財政が破たんの危機に瀕するから、ということも（日本の国債が投げ売りされることはないという議論はありますが）言われており、財政規律は守らなくてはならない大切なルールになっています。

それでは、シルバーマネーの発行が財政規律を乱すことにならない理由について説明します。まず、シルバーマネーが政府通貨だから、ということが言えると思います。シルバーマネーは政府の年金等の支払いに使われると用途が限定されているので、かなりの金額の発行を余儀なくされるとしても、（それがシルバーマネー地域内の施設利用や、介護サービスの対価として域内の管理者に還流することもあり）歯止めのない発行にはなりません。そのためシルバーマネーは政府通貨として設計することが考えられ、この場合、新たな国債の発行もありません。

また、一般的に政府通貨の発行は、金融システムを利用しないところから、さまざまな歯止めが利かず、過去戦争のための資金集めに使われたり、特定産業への不当な補助金に使われたりした上に、海外への望まれない投資に使われたりする可能性もあり、好ましく思われていないようです。しかしながら、シルバーマネーについては、高齢者地域で使われるものですから、輸出材の生産に使われることもなく、あるいは海外に投資されることもありません。この意味で、政府通貨の持つ危険性を回避できると思われます。

そして先ほども述べましたが、シルバーマネーの発行により、高齢者が地方に移転し、それが少子化対策となるために、国家の経済力を増進させ、現在の円の担保価値も高めることになるわけですから、シルバーマネーの発行により現在の国債の価値が下がることもないわけです。

このように、シルバーマネーが「円ではない」ために、さまざまな使い出の良さが生まれます。

シルバーマネーの並行通貨としての位置づけ

近現代の欧米諸国や日本では、一国家一通貨が当然のように受け止められていますが、歴史を振り返ると、一国家一通貨という制度は普遍的なものではありません。室町時代の日本では、米や絹布が通貨であったことに加えて、中国からの輸入銭も通貨として流通していました。室町幕府は、その公権力を行使して日本独自の鋳貨を発行しようとは考えなかったのです。明治時代初期には153もの国立銀行が誕生し、それらの各々が銀行券を発行していました。この状況を変えたのは、日本銀行が1882年に設立されてからです。また、第二次世界大戦後しばらくの沖縄では、米軍占領下でB円という日本円とも米ドルとも異なる通貨が使われ、沖縄独自の経済運営に役立っていました。

イギリスでは1694年に国策的性格の強い民間銀行としてイングランド銀行が創設されましたが、その後に設立された銀行の多くが各々独自の銀行券を発行しました。1883年にようやくイングランド銀行券が法貨と認められ、1844年の「銀行特許状条例」はそれ以降新たに発券銀行を設立することを禁止しました。それでも、日本の国立銀行の場合と異なり、1844年法以前からの既得権を持つ銀行は、その後も独自の銀行券を発行し続けており、イングランド銀行の準備高の規制範囲ではありますが、2000年現在、スコットランドでは三種類、北アイルランドでは四種類の銀行券が流通し、地域経済の中で循環しています。このように一国家内で複数の通貨が流通することは過去も現在もごく普通にあることなのです。

そして、シルバーマネーが高齢者の年金に使われ、高齢者が幸せな老後を送るために使われる通貨であるとすると、シルバーマネーは汎用通貨ではなく、特定目的通貨であると言えると思います。ハンガリーのブダペストに生まれたカール・ポランニーは、社会思想家であり、ジャーナリストを経て、コロンビア大学で経済人類学の講義を行った人ですが、貨幣の本質論を説き、近現代の欧米社会とは異なる社会においては、汎用貨幣と特定目的貨幣に分けられるような貨幣の流通が見られる場合があると指摘しています。

近現代の日本で流通してきたお金の中で、郵貯は極めて特異な性質を持っていました。戦前の郵貯は主として国債引き受けの原資であり、いわば戦争のための貨幣でした。戦後の平和憲法の下では、それは財政投融資の原資へと方向転換し、その財投の内実としては、国内の大規模公共事業やＯＤＡによる海外の事業に使われてきました。経済学者の室田武氏は、国民がお金を郵便局に貯金した時点でそのお金は政策金融の担い手という特定目的のお金に性格を変えてしまい、その意味で郵貯に転じた日本円は特定目的貨幣になったと指摘されています。シルバーマネーが特定目的貨幣であるということで、何やらこれは財政投融資を復活させようとしているのではないか、という勘ぐりをされる方も（まさかとは思いますが）いるかもしれません。しかし、それは全く杞憂であり、まさに「羹に懲りて膾を吹く」というものだと思います。シルバーマネーは高齢者を幸せにするという目的を持った「福祉通貨」であり、ある意味公共性と、地方分権意識、環境意識を持って、人間生活と地域環境の持続性を守るために使われるものなのです。

シルバーマネーとエコマネー

我が国では1955年に始まった高度経済成長期以降、大都市圏、地方圏ともに住民間の結びつきが弱まり、地域の課題解決能力が弱体化したとして、国・地方自治体の両方が、地域社会における相互扶助活動の再構築や「地域力」の育成・強化を政治課題として掲げるようになりました。「地域通貨」は、人々が自分たちの手でつくる、一定の地域でしか流通しない、利子の付かないお金として、地域通貨を使用する人々の間に、相互信頼と共同の関係を生み出し、友好的で対等なコミュニケーションの手段になるとして、注目されるようになりました。日本の地域通貨の原点と言われるのが、1973年9月に水島照子氏が80人の仲間とともに結成した「ボランティア労力銀行」(現NPO法人ボランティア労力ネットワーク)が行う、時間を単位とした会員間の助け合い活動「労力交換」を媒介する「労力点カード」(Lカード)です。これは各人の余裕時間を融通しあうというもので、労力を受けたものが、基本的に「1時間につき1点」を労力の提供者に手渡すことで取引が成立し、有効期限はなく、長期保有も可能です。大阪府内を中心にほぼ全国的な取り組みとなっています。

日本で2000年代以降沸き起こった地域通貨ブームは、1983年にカナダで始まったL

ETS（Local Exchange Trading System）や1985年のタイムダラーの開始を受けたものでした。特に全国的に展開されたエコマネーについては、国際大学の教授であった加藤敏春氏が1999年5月に設立した「エコマネー・ネットワーク」が多くの地域でエコマネー導入をサポートしました。エコマネーとは「環境、福祉、コミュニティー、教育、文化等、今の通貨では表しにくい価値を、コミュニティーのメンバー相互の交換により多様な形で伝える手段」とし、メンバーは自分ができるサービス・してもらいたいサービスをHPや会報上で公開し、個々のメンバーはこのサービスメニュー表を基に連絡を取り合い、相対で取引を開始、取引価格は当事者により決定され、そして運営団体が管理する口座上の数字が増減するというものです。プラスの残高はコミュニティー内でしか使用できず、マイナスの残高の場合も返済の義務はありません。そして、残高はある時間が経つと消滅します。

このエコマネーについては、ソーシャル・インクルージョンを実現するため、コミュニティー活性化の手段として評価する方も多いものの、エコマネーによるコミュニティービジネスの立ち上げが難しいとする批判もあり、地域通貨の研究者西部忠氏は、「エコマネーが成功するためには、非市場経済に加えて市場経済での取引機能を併せ持つべきである」とし、地域コミュニティーの活性化と地域商業の活性化の二つを志向する「ダブル・ボトム・ライン型」地域通貨の必要性を述べています。

ここまで述べたことでご理解いただけたように、これまでつくられてきた多くの地域通貨には「譲渡性」「価値基準」「価値貯蔵手段」という通貨に必要な要素が欠けており、通貨であることを目指すシルバーマネーとは経済的性質は違います。しかしながら、エコマネーが目指そうとしてきたソーシャル・インクルージョンは、シルバーマネーの究極の目標でもあります。

そこで、シルバーマネー地域、CCRCなどの設計においては、これまでの地域通貨の実験で得られた知見を、可能な限り取り入れていくべきだと考えます。

第六章　日本社会の現状とシルバーマネーの影響

変化してきた価値観

バックキャスティングを行った時には、そこで導かれた「社会の改革手法」を実際の社会に適用した場合、何か問題が起こらないかを、広い視点から確認しておかなくてはなりません。そこで、ここでは社会保障分野を中心に、今回導かれた手法である「シルバーマネー」が、実社会に対してどのような影響を及ぼすのか確認していきます。

この影響を確認する前に、ここでは、実社会がどうなっているかを、今まで前提とした、「少子高齢化」「社会保障の破たん」「東京一極集中」という視点を越えて、もう少し幅広く見るところから始めます。一つは世界の「価値観の変化」の問題であり、もう一つは日本の「社会の解体」という現象です。まず、価値観の変化について考えるために、良く知られた寓話を紹介するところから始めましょう。

これは、とあるメキシコの漁村での話。

一人の、銀行員で投資家のアメリカ人が桟橋にいた。そこへちょうど一艘の小舟が、キハダマグロの大物を何尾か積んで帰ってきた。漁船には漁師が一人乗っていた。アメリカ人は獲物の立派さを褒めちぎり、釣り上げるのにどのくらい時間がかかったかをたずねた。

「なあに、ちょいちょいさ」とメキシコ人の漁師が答えた。

それを聞いてアメリカ人はたたみかけるように聞いた。

「そんなに簡単ならもう少し粘ってもっと釣り上げてこられたんじゃないのかね?」

「とりあえず家族を養うにはこれで十分なんでさあ」

「でも時間はたっぷりありそうじゃないか? 海に出ていない時にはあんた何をしているんだ?」

メキシコ人の漁師が答えた。「夜更かしするし、ちょっとだけ漁に出て、子どもたちと遊んで、女房のマリアと一緒に昼寝をして、目が覚めて夕方になったら毎晩村にくりだして、ワインをすすり、仲間たちとギターをかき鳴らすんだ。これでけっこういそがしい毎日を送ってるもんでね」

するとアメリカ人は鼻の先であざけるように言った。

「私なら、ハーバードのMBAを持っているから、力になれますよ。あなたはより多くの時間を釣りに費やすようにして、その収益でより大きいボートを買わなければなりません。より大きいボートの収入で、さらにいくつかのボートを買うことができるはずです。そうなったらあなたは、何艘もの漁船を抱えることになる。仲買人に獲物を売る代わりに、直接水揚げを水産物加工業者に卸せばいい。その気にさえなれば、自分で缶詰工場だってはじめられます。製品も、加工も、流通も自分の手の内にできるんです。そうなったら、こんな小さな漁村を離れて、メキシコシティーへも、次にはLAにも、最終的にはより企業を大きくするためにニューヨークへだって、引っ越す必要があるかもしれません」

それを聞いてメキシコ人の漁師がたずねた。

「一体そうなるのにどのくらいの年月がかかるかね？」

「ざっと15年から20年でしょうか」

「ほー、それで、そうなったらその後は何をする？」

「ハッハッハ」アメリカ人は声を立てて笑った。「それです。そこが肝心。あなたは時期を選んで自分の会社の株式を公開して、株を投資家たちに売り、しこたまもうけて大金持ちになるのです」

「大金持ちとは、どのくらいの？」

「何百億って額ですよ」

「何百億ねえ、で、その後はどうする？」

そう聞かれてアメリカ人は意気揚々と答えた。

「そうしたら一線から引退するのです。海岸のそばにある小さな漁村にでも引き込んで、夜遅くまで起き、適当に魚を釣って、子どもたちと遊び、奥さんと一緒に昼寝をして、目が覚めたら村にくりだして、ワインをすすり、仲間たちとギターをかき鳴らせばいいんです」


この寓話から、何を感じ取るかは人それぞれだと思いますが、普通は、こんな風に解釈されます。人生の目的と手段を間違えてはいけない。家族と過ごす大切な時間を、多忙さの中に置き忘れてはいけない、等々です。

しかしながら、このメキシコ人の漁師の今の生活と、アメリカ人が勧める引退した後の生活は、同じように見えて、実は全く違ったものであることにも、目を向けなくてはなりません。そこに目を向けると、アメリカ人の勧めに従うと、20年間、一生懸命何を行うことになるのかを理解できます。

メキシコ人の直面しているリスクはこうです。嵐が続き、出漁できない時の食料はどう確保するのか、漁師や漁師の家族が病気になった時の対応はできるのか、あるいは嵐で船が壊れた時にどうなるのか、大きな船がやってきて周辺の魚を取りあさり、あるいは大きな工場が周辺に建って、排水を流すようにならないか、誰かが、周辺の海の漁業権や、ビーチの所有権さえ買い取るようなことは起こらないか、などなどです。これら現代社会に存在する沢山のリスクに対応するため、アメリカ人は、それ自体は楽しくない「リスク対策」「富を失わないための努力」「拡大に次ぐ拡大」を20年間行っているのです。

そして、このアメリカ人は、リスクを回避する活動の一方で、皆さんも気がつかれたように、とんでもない大きなリスクをいくつも抱えたのです。漁師の生活にあてはめれば、一つは海産物の取りすぎによる資源の枯渇であり、もうひとつは家族や共同体を多忙さの中で失うリスクです。「資源の限界」という人間には乗り越えられないリスク、基本的な人間関係の損耗というリスクが、ある時目の前に現れるのです。そして、後に述べるように、このリスクは日本社会にも、もっと大きな形で現れてきます。

続けて、オランダの昔話、「世界で一番美しい物」を紹介します。


昔、オランダの港町に、とても大金持ちの若い奥さんがいました。

住んでいる家は町で一番大きく立派で、家の壁には素晴らしい絵が沢山掛かっています。

床はすべて高価な絨毯で、食事の時は金と銀のお皿で食べるのです。

ある日の事、奥さんが雇っている船長を呼んで言いました。

「あなたは、これから世界中を回ってきてください。

私の沢山の船を、みんな連れて。

そしてあなたが世界一美しいと思った物、世界一尊いと思った物を持って来てください。

期限は、1年間です。

1年経ったら、必ず帰ってきてください」

そこで船長は、すぐに世界一周の旅に出ました。

町の人々はみんな、

「あの船長は、どんな宝物を持ってくるだろう？」

と、それればかり話し合っていました。


1年後、見張りの者がさけびました。

「船が、帰って来たぞー！」

すると町中の人々が、船つき場に集まりました。

若い奥さんも、船を出迎えました。

船長がどんな宝物を持って来たか、早く見たくてたまらなかったのです。

船を降りた船長は、奥さんの前に進み出ました。

「奥さま、ただ今戻りました」

「挨拶はいいわ。それであなたは、何を見つけてきてくれましたか？」

「はい。私は長い間世界中を旅して、色々な宝物を見ました。

人の背丈よりも大きな水晶（すいしょう）や、黄金でできた船もありました。

しかしどれも、世界一美しい物、世界一尊い物とは思えませんでした。

私はもう少しで、諦めてしまうところでした。

ところが、バルト海のある港に入った時の事でございます。

そこは穀物（こくもつ）畑が見渡す限り、どこまでもどこまでも広がっておりました。

ムギの穂（ほ）は風を受けて、波のように揺れていました。

太陽は出ると、あたり一面が黄金色に光り輝きました。

私はこれを見たとたん、穀物（こくもつ）こそが、毎日のパンをつくる穀物こそが世界一美しい物、世界一尊い物だと思いました。

そこで私は、船いっぱいに小麦を積んでまいりました」

「何ですって!!」

奥さんは、顔をまっ赤にして怒りました。

「お前は、わざわざ世界を回って穀物を持ってきたのかい！この、バカ！トンマ！マヌケ！」

船長は、静かに答えました。

「私は1年かかって、ようやく世界で一番大切な物は、穀物であることに気がつきました。

神さまがお与えくだされた、あの黄金色に光り輝く穀物です。

あれがなくては、私たちが毎日食べるパンもつくれません」

しかし奥さんは、その説明に納得しません。

「ええい。そんな物は、海に捨てておしまい！

船長、お前は首にします。

お前の顔なんか、もう二度と見たくありません！」

「……」

船長はだまって、どこかへ行ってしまいました。

「さあ早く、穀物なんか捨ててしまいなさい！」

奥さんの命令で、船乗りたちは穀物を海に捨てはじめました。

すると見かけないおじいさんがやって来て、奥さんに言いました。

「なんと、もったいない事を。

よく、考えてみなさい。

世の中にはひとかけらのパンもなく、飢えて死ぬ人が大勢いるのです。

神さまから与えられた尊い贈り物を捨てたりすれば、神さまのバチがあたってあなたは貧乏になりますよ」

それを聞いた奥さんは、カラカラと笑いました。

「あははははっ。神のバチがあたる?そしてこの私が、貧乏になるですって?はん、ばかばかしい」

奥さんは自分の指から世にも素晴らしい宝石の付いた指輪を抜き取ると、それをいきなり海の中に投げ込んでしまいました。

「もし、わたしにバチをあてる力が神にあるというのなら、海に命じてあの指輪をわたしに返してごらんなさい!

あの指輪には船が何隻も買える価値がありますが、あんな指輪が一つや二つなくなっても、わたしは貧乏になりません。

わたしは決して、貧乏にはなりません!」

奥さんはさけぶと、胸をそらせて帰っていきました。

数日後、奥さんはパーティーを開きました。

町のお金持ちたちが、残らず集まって来ました。

皆は飲んだり食べたりと、大さわぎを始めました。

その時、一人の召使が、大きなお皿を運んできました。

お皿には、大きな大きな魚の丸あげが乗せてあります。

魚が大好きな奥さんが、さっそく魚のお腹を切りました。

するとナイフに、何かかたい物が「カチン」とあたりました。

「何でしょう？」

奥さんは、魚のお腹に入っていた物を取り出してびっくりしました。

「あっ！」

その声に、皆がお皿のまわりに集まってきました。

皆も、魚のお腹から出てきた物を見てびっくりです。

なんと魚のお腹から出てきたのは、しばらく前に奥さんが海の中に投げ込んだ、あの指輪だったのです。

神さまが海に命じて、指輪を奥さんに返したのです。

「ふん、ばかばかしい。ただの偶然です」

奥さんはその指輪を、ゴミ箱に投げ捨てました。


あくる朝、大変な知らせが届きました。

奥さんの船が嵐にあって、みんな沈んでしまったというのです。

でも、これはほんの始まりで、不幸なことがそれから次々と続きました。

飼っていたウシやブタがすべて病気で死んでしまったり、家が火事になったりと。

こうして一年後、奥さんは乞食になって、一切れのパンも食べられなくなったのです。

この話を通じて、私が皆様に伝えたかったことは、麦や牧草地が最も大切な価値である、という考え方（この考え方も魅力的ですが）ではもちろんありません。メーテルリンクの青い鳥のように、幸せは、自分の家の中にある、と言い切りたいわけでもありません。

それよりも、前出のメキシコ人の漁師とアメリカ人の話も合わせて、皆さんに思い出してほしかったのは、自分たちに一番大切なものは何か、何を求めて我々は働いているのかを「考える」ということなのです。

話をもう少し現実の世界に近づけましょう。このグローバリゼーションと気候変動の時代に至るまで、我々は何に価値を置き、働いてきたのでしょうか？

経済史的視点から見てみます。

技術革新が起こり、大きな帆船が生まれた時代、そこで人々が求めたのは貴金属でした。南米大陸からの大量の貴金属の流入もあって、ヨーロッパ世界各国は、より多くの貴金属を各国内に留める努力をしました。重商主義です。これに対抗する形で、農業の大切さを唱える重農主義と呼ばれる考え方も生まれましたが、大きな社会的動きにはなりませんでした。通貨の価値が通貨を発行している国の貴金属によって担保されているという考え方は、第二次大戦後のブレトン・ウッズ体制まで続き、米ドルの金兌換の停止・ニクソンショックで終焉しました。それ以降、金はもちろん貴金属としての価値は有しますが、世界経済が金保有を求めて運営されることはなくなりました。

世界が金を求めた時代、副産物として各国が装備するようになったのが「強大な軍事力」です。強大な軍事力によって領土や植民地を獲得し、さらには相手国に経済的に不利な取引条件を飲ませることにより、自らの富・貴金属を増大させようとしたのです。しかしながら、現在においては強大な軍事力の強制によって、より有利な交易条件を得ることは不可能になり、軍事力が富・価値であるという考え方を持つ国は少数になりました。

石油の発見と使用量の増加により、貴金属よりも重要性を持ってきたのがエネルギーです。エネルギー源、そしてプラスティック製品などの材料としての石油の確保により、アメリカは軍隊を育成する原資を得、世界の覇権を握ったと言えるでしょう。しかしながら、二次エネルギーとしての電力の使用量が増え、発電方法も原発を含めて多様化し、最終的に再生可能エネルギーの普及で、エネルギーをどの国においても生産することが可能になりました。これによって、エネルギーが世界で最も重要な富であった時代は終わりを告げました。同時に、エネルギーと同様に、工業技術、あるいは発展途上国に対する投資も、世界各国に技術が広まった結果、富の源泉としての力を弱めたように見えます。

グローバリゼーションの中で、特に「富」としての存在感を増してきたのが金融・保険商品です。あるいは金融・保険システムそのものが富の一つの形態と言っていいかもしれません。しかしながら、分かりやすい言い方をすると、誰かが金融商品を持っている、すなわち貸し付けている、という事実の裏側には、誰かがお金を借りているという事実があります。誰かが、大変な金融資産を持っているという裏側では、大変な数の人々が負債を負っているのです。株式などのように、将来の会社の配当をプラスの価値の源泉にしている金融商品もありますが、大きな目で見た時、金融・保険は、現実の社会に投資され、姿を変えない限り、ゼロサムの世界なのです。ビットコインなどの仮想通貨も資産性が確立できていません。この意味で、金融・保険商品そのものが、世界が追求すべき富になることは難しいと思われます。

それでは、今私たちの目の前に現れた、私たちの追求するべき富とは何なのでしょうか？

これについては、今私たちの前に「持続可能性」という言葉が大きくその姿を現したといえるでしょう。持続可能な環境、持続可能な社会、持続可能な地域、地域の中で発展してきた独自の文化、持続可能な家庭と人間関係、そういった、日々我々が目にするものが、かけがいのない富そのものであり、お金も、軍事力も、エネルギーも、技術も、金融・保険システムも、その富を守るための手段であり、（あのアメリカ人が勧めていた）リスク対策であるという認識が今世界に広まりつつあります。そして、我々、特に日本人が、手段であるところのさまざまな価値を過度に追い求めたことによって、もっと大切なものを失ってきたことが、誰の目にも明らかになってきたのです。資源の枯渇、環境の悪化、社会の不安定化、共同体や家族の崩壊が現実のものとして社会に現れ、我々は「持続可能性」の重要性を認識せざるを得なくなったのです。

先に述べた二つの寓話、一つ目は私たちに、何が価値で、何が手段かを教えてくれますし、二つ目は、我々にとって、日々を生きていくということよりも美しく、尊いものは、探しても見つからない、ということを教えてくれます。その寓話が間違っていなかったことを、これまでの世界の歴史が示したのです。

この意味で、国連が今実現しようとしているSDGs（持続可能な開発のための目標）に選ばれているもの、海の豊かさ、陸の豊かさ、持続可能なエネルギーシステム、教育システム、住み続けられる街、などなどは、まさに富そのものであり、現代は、発展途上国にとってだけでなく、先進国にとっても、それらが最も重要な資産であり富であることを、世界が改めて認識した時代であると言えるのではないでしょうか。

このように、世界に起こった価値観の変遷を概観すると、日本人が繁栄という一つの価値を追い求めたことによって、より本質的な多くの価値を失ったと理解できます。日本における農村風景、共同体、そして家族。メキシコ人の漁師が笑っているかもしれません。

日本が失った最も大切なものの一つに、「社会における連帯関係」があるのではないか、という指摘があります。まず、家族・雇用・社会保障について見ることにしましょう。

家族の解体

東京一極集中をもたらした産業構造の変化と、結果としての家族構成の変化は、「社会の解体」をもたらすことになる、という警鐘が、１９９５年の社会保障制度審議会（制度審）の勧告で発せられています。少子化も、社会保障制度の行き詰まりも、この「社会の解体」の結果であるというのが、今の私の理解ですが、この制度審の警告がどのような文脈で発せられたかを示します。

95年勧告は、日本の社会保障システムについて、一応の達成を評価しています。特に、１９６１年に「国民皆保険・皆年金」が実現し、社会保障の基本構造がつくられたこと、そして１９７３年には「福祉元年」と称して社会保障全般において大幅な給付改善が行われたこと、１９９０年代に入ると、高齢化の進展を踏まえ介護保険の導入をはじめ高齢社会への対応が図られたことを評価し、「今日、我が国は世界で最も所得格差の小さい国の一つになっている」と記述しています。その後で、21世紀を見据えて注目すべき「警告」を発しているのです。原文を示します。

「21世紀に向けて我が国が直面しているさらに基本的な問題に突き当たる。その一つは戦後における個人主義の展開である。個々人の人権が社会的に承認され、自主性が重んじられるようになり性差別の撤廃が社会的に支持されるようになった。それは日本社会の進展として歓迎されるべきものである。社会保障の体系の中でも、この点は十分考慮されなければならない。」

「しかし、我が国では、農村などにおける伝統的な家族制度と、その崩壊過程で戦前から形成されてきた、より近代的な家族制度とが、重なり合いつつ解体に向かい、個人化の展開が急激であったこともあって、家族による支え合いが低下し、社会的にはしばしば他者との連関が生活の中から取り残されようとしている」

「個人化が進展すればするだけ、他方では社会的連関が問われ連携関係が同時に形成されないと、社会は解体する。社会保障は、個々人を基底とすると同時に、個々人の社会的連携によって成立するものであり、今後その役割はますます重要になると言わねばならない」

社会の個人化については、「自立」「孤立」という両面の評価があるとしても、個人化と同時に連帯関係が形成されないと、社会は解体するという強い危機感の表明がなされています。このような危機感が生じた背景の一つには「同居率の低下」に代表されるような「家族の変化」がありました。

日本が低成長に移行する中で、高齢化に伴う福祉費用の増大を危惧する立場から、高齢者福祉の充実を図っていた欧米諸国の福祉国家モデルを否定し、日本は家族による支えを主とする日本型福祉を目指すべきという考えがありました。高齢者介護が必要になっても、介護施設やホームヘルパーなどの公的サービスには頼らず、家族による介護で乗り切れるという主張で、その背景には高齢の親と家族の同居率が欧米諸国より高いことが挙げられていました。この議論を踏まえ、1978年の厚生白書は、同居家族を「福祉における含み資産」として位置づけ、さらに1979年5月に策定された「新経済社会7カ年計画」に日本型福祉社会論が盛り込まれることになりました。

ところが、国民の実体は、このような政策論議と大きく様相を異にしていました。寝たきりや認知症の高齢者が増大し、介護期間も長期化する中で、多くの家族は介護に疲れ切り、自力では要介護の高齢者を支え切れない状況になっていました。さらに、頼みの綱と言われた、親と子ども世代（既婚）の同居率も、国民生活基礎調査によると1980年には52・5%でしたが、その後1990年には41・9%、1995年には35・5%、さらに2016年には11・4%と、急速に低下し続けました。こうした実態を踏まえ、それまで家族が自力で行うことが当然とされた親の介護を社会全体で支えるために提案されたのが、介護保険でした。制度審の95年勧告は、まさに、介護保険の導入によって、高齢者やさらにその家族が「社会的に取り残される」ことがないようにすべきだ、と勧告したのです。

家族は、社会の基礎的な構成単位であり、家族のために生産活動に従事する生産・労働機能、そして家族が病気になった場合などに助け合う扶助機能や子どもを産み育てる養育・教育機能、愛情や安らぎの場を提供するという精神的機能など、総合して生活保持機能と言われるものを持つとされています。ところが、前述した同居率の低さ、そして世帯規模の縮小により、家族同士が支え合う機能が低下しました。１９７５年と２０１５年で比較すると、三世代同居世帯の割合は23・１％から13％に減少、夫婦と未婚の子どもの世帯が42・７％から29・４％に減少、代わりに増えたのが、単独世帯、夫婦のみ世帯、一人親世帯で、それぞれ、18・２％→26・８％、11・８％→23・６％、４・２％→７・２％へと増加しています。２０３５年に向けて、単独世帯は37・２％になると見込まれています。この原因は、高齢単身者の増加に加え、壮年未婚者の急速な増加があり、この背景には雇用の悪化による生涯未婚率の上昇があります。このような、高齢単身者や壮齢未婚者、ひとり親世帯は、所得、住まい、支え合いの各面で機能が低く、生活上大きなリスクを抱えています。この動きは１９８０年代から始まっており、家族の「個人化」の急速な進展を社会保障が補完していかないと、人々は孤立し、それが社会の解体に結びつくのではないかと、制度審の95年勧告は警告を発していたのです。

終身雇用制度の解体

95年勧告から二十数年経ちましたが、その後「家族」の変化に加えて、「雇用システム」においても予想を超えた変化が起こりました。

まず、経済の変化から見てみましょう。1991年にバブル経済が崩壊し、金融業界や不動産業界などを中心に不良債権が大量に積み上がりました。1997年に発生したアジア通貨危機などを発端に1997年9月に山一證券が、1998年10月に日本長期信用銀行が破たんし、日本の金融システムが大きく揺らぎました。このような状況の下、企業経営の悪化、雇用の縮小、消費の低迷、物価の持続的な下落など、日本経済全体が変調をきたし、経済成長率では、1998年、1999年にマイナス成長を記録し、2001年から2003年までに再びマイナス成長に落ち込むなど、デフレ経済が長期化していきました。その後、円安と世界的な景気回復により経済は一応持ち直したかに見えましたが、2008年9月のリーマンショックにより、国際金融市場が混乱、実体経済にも大きな影響があり、2008年10～12月期の実質GDP成長率は前期比マイナス2・2％、2009年1～3月期もマイナス4・8％と大幅な減少となりました。

こうした経済情勢の変化によって雇用が最も大きな影響を受けました。2002年、2003年に完全失業率は5・5％を記録しましたが、これは過剰雇用の解消が進められたからだと考えられています。雇用状況の悪化が最も強く表れたのが、新卒者をはじめとする若年層でした。この時期は就職氷河期と呼ばれ、20歳から24歳の若年層の失業率は、1985年は4・1％だったのが、1998年は7・1％、2001年は9・0％、2003年には9・8％と急激に悪化しました。失業率は、その後の景気の回復により徐々に低下しましたが、2008年に再び上昇し、2009年のリーマンショックによって急激に悪化し、2009年には5・5％

を記録しました。新卒者は就職難となり、採用内定が取り消されるケースが発生し、15～24歳の失業率が急上昇するとともに、25～34歳の失業率も高い水準となりました。しかしその後、景気の持ち直しに伴い失業率は低下し、２０１１年以降は４％台で推移したのち、２０１６年には３・１％にまで改善しています。

しかしながら、この間に「雇用システム」が大きく変わりました。正社員の割合が減少し、派遣社員やパート、アルバイトなどの「非正規雇用」が大きな割合を占めるようになりました。この変化は、経済危機以前からあった、日本の雇用システムの見直しを求める動きが、この時期に現実化したものであると考えられます。

１９９５年、制度審が「今日、我が国は世界で最も所得格差の小さい国の一つになっている」と高く評価した、その同じ年に日経連（当時）が発表したのが、『新時代の「日本的経営」』という報告書でした。この報告書は、日本の雇用構造の見直しの必要性を掲げ、具体策として、企業従業員を次の三つのグループに区分し、それぞれを組み合わせていくことを提案していました。

① 長期蓄積能力活用型（管理職・総合職等）：長期継続雇用で月給制・昇給あり
② 高度専門能力活用型（企画・営業等専門部門）：有期雇用で年棒制・成果配分
③ 雇用柔軟型（一般職）：有期雇用で時間給

こうした提案がなされたのは、当時の経済のグローバル化と円高の状況下で、人件費を抑制することが至上課題になっていたからだと言われています。この報告書が公表された後、労働分野における規制緩和が相次いで行われました。それまで労働者派遣法は、派遣労働を認める対象業務を厳しく限定していましたが、1996年に対象業種が26種に拡大され、1999年には原則自由化（禁止するものはネガティブリストとして提示）されました。2003年には、製造業への労働者派遣の解禁や、派遣期間の1年から最大3年への延長を内容とする法改正が行われました。

労働関係制度の見直しが進む中で、1997年の経済危機をきっかけにして、過剰雇用の解消のために正規雇用が減らされる一方で、非正規雇用は急激に拡大しました。非正規雇用の総数は、1995年に1001万であったものが。2005年には1634万人と600万人も増加しました。しかも非正規雇用で働いていたのは従来、主婦のパートタイマーや学生でしたが、この時期には、主たる家計維持者である正規雇用が得られなかった若者が、非正規雇用で働くケースが増加したのです。非正規労働者の総数は2016年には2023万人となり、雇用者全体の37・5％、3分の1を超える状況となっています。

セーフティーネットの解体

日本の社会保障は、「雇用」と強く結びつきながら形づくられてきました。基本的には、正規雇用として働いているのであれば、健康保険・厚生年金保険・雇用保険の三つがフルセットで適用されます。一方、非正規雇用の場合は、同じ職場で働いているにもかかわらず、非被用者の扱いになっているのが通例でした。このため、配偶者の被扶養者としてパート労働をしているケースを除き、公的な医療保険は国民健康保険、年金は国民年金が適用され、雇用保険は適用外となります。同じ職場に働きながらも、非正規雇用の場合は、「職場」とのつながりを通じて、社会保険による生活の保障を受けることができません。しかも、保険の切り替えの際などに、手続きを忘れたり、保険料の負担を嫌って手続きをしなかったりするケースがあり、医療保険や年金がカバーされていない非加入の状態に陥る恐れが高いのです。

そして、1997年以降には、失業者にカウントされない若壮年の無業者が急激に増加したことも注目されます。失業者とは、仕事を探す活動をしていることが条件の一つになっていますが、勤労意欲を喪失し無業者になるケースも増大したのです。これは、労働力人口の対象から外れた「非労働人口比率」という指標が大きく上昇したことによって示されています。全国に約26万世帯と推計されている「ひきこもり」の中にもこうした人々がかなり含まれていると考えられます。さらに、非正規雇用や無業者においては、未婚のまま親と同居し、親の被扶養者となるケース（親同居未婚者）が増加しています、壮年層（35〜44歳）における親同居未婚者は2016年には288万人にのぼり、同世代の16・3％を占めています。このような動きは、未婚率上昇と合わさった動きであり、出生率の低下に深く関係しています。

人々の苦しみ

そして社会的連帯が壊れ、「家族」と「雇用システム」が大きく変化する中で、大変な苦しみを味わう人々が沢山生まれてしまいました。それを端的に表しているのが自殺者数の増加です。特に1997年の経済危機後、年間自殺者数が大幅に増え、3万人を突破し、2003年には過去最高の3万4427人となりました。特徴的なのは、それまで多かった高齢者層に加え、30代以下の若い世代の自殺者数が上昇したことです。1998年以降「経済・生活問題」を原因とする自殺が急増しており、そして、自殺が若い世代の死因の第一位になっています。

自殺対策のために活動している民間団体に、特定非営利法人自殺対策支援センター・ライフリンクがありますが、そのライフリンクが行った活動の一つが「自殺実態1000人調査」で、自殺で亡くなった人についてその理由を遺族に聞き取り調査したものです。その結果は、自殺の原因は一つではなく、さまざまな危機要因が重なり合った結果であるというものでした。上位10の危機要因は、事業不振、職場環境の変化、過労、身体疾患、職場の人間関係の悪化、失業・就職失敗、負債、家族間の不和（夫婦）、生活苦、うつ病でした。自殺で亡くなった人は、これらの危機要因を平均3・9個抱えており、しかもそれらの原因は「連鎖」し、自殺者の属性によって自殺するまでの経路（プロセス）に一定の規則性がありました。

例：事業不振↓生活苦↓多重債務↓うつ病↓自殺
身体疾患↓休業↓失業↓生活苦↓多重債務↓うつ病↓自殺
いじめ↓学業不振＋学内の人間関係（教師と）↓自殺

これは、自殺が、極めて個人的な問題であると同時に、社会的かつ社会構造的な問題であることを示しています。自殺者数は、その後の関係者や地方自治体、国の取り組みもあり、2012年には3万人を切り、低下する傾向にありますが、現在でも多くの日本人が自殺に至るまでの激しい苦しみを受け続けていることを忘れてはなりません。

自殺の問題にも関連する、社会のひずみの現れが、社会的孤立の問題です。社会的孤立を分かりやすく言えば、「人との接触が欠如し、社会的な活動に参加せず、困った時に頼りにできる人がいない」状態になります。こうした社会的孤立の状態にある人を、24時間年中無休の「何でも電話相談」で受け止め、支援を行っている取り組みに「よりそいホットライン」がありま す。この事業は、一般社団法人社会的包摂サポートセンターが実施しているもので、2011年10月から東日本大震災の被災三県を対象に開始し、2012年3月から全国に対象を拡大しました。この事業については開始直後から電話がなりっぱなしで、2012年度からの本格実施後は電話数が1日3万件、1カ月で100万件という状態となり、5年目となる2015年度においても状況が変わらず、電話総数は年間約1161万件にのぼっています。寄り添いホットラインに電話をかけてくる人は、2015年の実績で見ると、40代（29・2％）が最も多く、50代（18・9％）30代（15・4％）と続きます。電話をかけてきた人について、「人との関わり度合・社会との接点」については、関わりが「狭い」または「ない」とした人が約4割、「孤立感、辛さ、寂しさなどの負の感情」では、そうした感情が「日常的」または「強い」状態にあるとした人が5割にのぼっています。相談内容は、「心と体の悩み」が約9割、「人間関係の悩み」と「家庭の問題」がそれぞれ約6割にのぼっています。

社会の解体、人々の苦しみの原因

知るだけで涙があふれてくるような、つらい現実の数々、このような事態を知ると、人は誰でも、誰がこんな事態をもたらしたのか、もう少し早い時点でなんとか対応ができなかったのか、と考えるでしょう。

しかしながら、他の本に詳しく書きましたので、ここでは簡単な説明に留めますが、産業の第二次産業化、第三次産業化が起こり、東京に人口が一極集中し、地方が疲弊し、労働者となった人々が、生活の基盤から切り離され、悲惨な生活状態に置かれることは、資本主義の展開の当然の結果と言えます。利潤を追求しようとすると、資本、技術、労働力を集めて大量生産を行い、規模の利益によりコストを下げ、大きな市場に大量に販売することになります。資本主義が高度化すると、利益を生む産業は一カ所、日本のケースでは東京に集中し、地方は疲弊し、多くの労働者が高齢になると不必要になり、職場から排除されます。こうして社会は解体されるのです。

このマルクスが指摘した資本主義の矛盾に対し、福祉の考え方を持ちこんで、その矛盾を緩和しようとしたのがイギリスの経済学者ケインズでした。可能な限り税金を徴収し、公共事業と福祉政策によってマネーを再配分することにより、資本主義の矛盾を緩和しようとするケインズ主義の政策は、一時は世界中で取り入れられ、現在も持続可能だと考えられている北欧経済などの基礎となったのですが、ここ20年においては、社会のボーダーレス化、グローバリゼーションの中で、企業の海外逃避の危険から、各国が高い法人税、所得税を取ることが難しくなったため機能しにくくなり、日本においては公共事業の縮小が起こるとともに、高福祉政策もできませんでした。日本独特の家族制度の崩壊という状況も加わって、この章で述べている人々の苦しみは生じているのであり、現在の状況は誰かが引き起こしたわけではなく、犯人捜しをすることにはあまり意味がありません。しかしながら、ここまでの過程で、このようになる可能性を知ることができた社会のリーダーに対しては、もう少しだけ、人々、特に若者に優しくなれなかったかと思わずにはいられません。特に、非正規労働者を沢山つくり出した、政治家と財界の諸氏に関しては、今後、悲惨な状況に落ち込んだ当時の若者たちが少しでも苦しくない人生が歩めるように、できる限り手を差し伸べる責任があると思います。

それでは、どのようにして、この社会に現れた資本主義の矛盾を解くのか、ということですが、資本主義と一国一通貨制度のもとでは、解法が見つかっていないというのが現状です。厚生労働省も含めて諸氏から、これから後に述べる、分野別の沢山の対処法が提案されていますが、現在の財政状況では十分な予算配分ができないのです。そこで、シルバーマネーを発行し、年金や介護保険に対する税金投入額を減らし、予算に余裕をつくり、今、行いたいさまざまな政策、家族の解体、雇用の劣化、そしてもちろん少子化対策などに対応する政策を実行する資金をつくるべきだと思います。

ここでは、現在まで導入が提案され、試みられている、社会保障の分野のさまざまな対応策とその限界を、元地方創生総括官をされた、山崎史郎氏の著書『人口減少と社会保障』（中央公論新社）をベースにしながら紹介し、それぞれの分野でシルバーマネーの導入が与える影響についてコメントしていきます。そして、社会保障分野の確認を終えた後で、街づくりや文化など、違った観点から見た時に、シルバーマネーの影響がどのようなものか、あるいはシルバーマネーによって生まれる地域がどのようなものなのかを、私自身の理想も含めて紹介させていただきたいと思います。

さまざまな対応策

年金について

年金についての、２００４年度の制度改正における厚生労働省の説明は、年金支給年齢を60歳から65歳にまで引き上げ、現役世代が支払う保険料の上限を、厚生年金保険では18・３％、国民年金では1万６９００円（２０１８年末で）まで引き上げ、高齢者に支払われる年金額は、マクロ経済スライドを用いて、若い世代が減少すると支給額を減らす、という方法を用いることによって、年金制度は末永く維持できるというものでした。この説明が本当だとしても、それはそれで、実際にもらえる年金額の問題を含めて厳しいものですが、（現在国民年金の年間支給額は、77万９３００円×加入期間（月数・保険料納付期間）÷４８０（２０１８年度価格））で、ここから介護保険料を差し引いて支給される）この説明の前提となった経済成長などの予想に大きな問題があり、今後年金支給開始年齢のさらなる引き上げ、保険料のさらなる値上げ、支給額のさらなる引き下げのいずれか、あるいはいくつかを行わないと制度的に成り立たないことは第二章で紹介した通りです。このような状態で、高齢者に都会で幸せに生きろ、などと言っても大変難しいことは皆様もお感じになる通りです。

すなわち、**現在の円のやりとり、現役世代の保険料で高齢者の生活を守る方法は、すでに破**

たんしています。（円の世界では）現役世代に高齢者の生活を守る余裕がなくなり、高齢者の生活は、結果、高齢者によってしか守れない時代が来てしまったのです。高齢者が、その力、存在価値を労働市場で発揮しようとすると、現役世代とバッティングしてしまいます。そこで、高齢者の力を発揮する場は地方ということになります。政府が担保するシルバーマネーを協力のツールとしながら、地方で高齢者が力を発揮することにより高齢者の生活を守るのです。「生涯現役社会」「高齢者世代内の助け合い」それがシルバーマネー、シルバーマネー地域なのです。

医療保険・介護保険について

医療保険・介護保険については、年金とは違って高齢者自身も保険料を支払います。介護保険の例で、現在の介護費用を誰が負担しているのかを見ると、全体で約10兆円の介護保険特別会計等の支出総計のうち、国、地方自治体などの公費負担が半分、65歳以上の高齢者（第一号被保険者）と40～64歳の現役世代（第二号被保険者）が残りの負担を分かち合い、この二者の負担割合は第一号被保険者と第二号被保険者の一人当たりの保険料額が同額になるよう、高齢化率に応じて3年ごとに見直されることになっています。しかしながら、介護保険料の負担は、高齢者にとっても、現役世代にとっても限界まで来ています。一方で医療保険や介護保険では、社会保険の給付が権利的な性格を有しているがゆえに、利用者の過剰・不当なサービス利用を引き起こす恐れがあることが指摘されています。無駄な費用を徹底的に排除する努力が欠かせませんが、その努力を行ったとしても今後の費用増加は著しく、一方被保険者の負担をこれ以上増やすことは困難です。**シルバーマネー地域内における新たな介護保険システム、高齢者が高齢者を介護するシステムが必要です。**医療についても、**医療費の高額化を抑える新たな方法が必要です。**

社会的孤立について

現在の日本には、周囲に心身の支えとなるような家族も同僚も友人も少なく、日常の生活が孤立している人が多いことが分かりました。このような人には、病気などの個別のリスクに対するサービスを提供しても、ひとりだけでは窮状を脱することが難しく、また一旦改善しても再び同じような状態に戻ってしまう恐れが強いのです。**そこで人との「つながり」をつくるという作業が必要になります。現在政府が行っている事業について、非正規雇用対策、エンパワーメント政策などを見てみます。もちろん高齢者の「つながり」は、高齢者がその住宅・地域の形によって物理的に接触が増える、シルバーマネー地域をつくることによって格段に強まると思われますが、ここではもう少し若い世代について考えます。**

非正規雇用対策について

非正規雇用の増加に対する対応としては、①非正規雇用の「正規化」②非正規雇用のままで健康保険や厚生年金保険などの職域保険の対象としていく「適用拡大」③社会保険方式を廃止し「税方式」へと転換する、という三つの考え方があります。

山崎史郎氏は、税方式への転換には、にわかに賛成できないと主張されています。それは、国民生活を支えてきた基本構造を変える制度変更は、多くの国民に無用の混乱と不安を与える恐れがあるとともに、税として投入される財源が少なければ、「選別主義」と呼ばれるように、給付対象者を絞り込むことになってしまうか、それとも「薄く広く」の給付になってしまい、低所得者の生活を十分に保障するだけの給付が提供できないことになってしまうという理由からです。そして、この問題は、②の社会保険の制度論ではなく、むしろ雇用の問題として捉えるべきだとされています。

政府は2016年1月に、正規雇用を希望する非正規雇用の被用者をできる限り正規化していくために、「正社員転換・待遇改善実現プラン」を策定し、積極的に推進しています。これによると、2016年度から2020年度の5カ年の目標として、不本意非正規雇用労働者の割合を10％以下（2014年平均18・1％）、新規大学卒業者の正社員就業者の割合95％（2015年3月卒92・2％）新規高校卒業者の正社員就職の割合96％（2015年3月卒94・1％）とし、正社員と非正規労働者の賃金格差の縮小を図ることを掲げています。人間の間のつながりを回復する、という一番大事な目標の点からも、非正規雇用の正社員化を進める方向が正しいと考えられます。

また、現在働き方改革が行われており、時間外労働割増賃金や年次有給休暇の確実な取得、フレックスタイム見直し、高度プロフェッショナル制度創設などが進められていますが、これらが結果的に社会の解体の阻止、家庭生活の回復の方向で進められれば、少子高齢化対策としても役立つものになると思われます。出生率を回復させたスウェーデンでは、同一労働同一賃金の原則が確立され、年齢、性別、正規・非正規間の賃金格差は少なく、最低賃金も高いのです。

シルバーマネー導入後の世界でも、地方のシルバーマネー地域には、主として高齢者が住むべきであり、あまり若い世代を呼び込むべきでないと思われます。それは第一に、人間は同じ世代の人たちと触れ合うことにより、さまざまな気づきや成長があるからであり、そして競争と切磋琢磨の中で、円の世界でより効率的に働き、競争力のあるサービスや製品をつくっていってもらいたい、と考えるからです。この意味で、非正規雇用の問題は、雇用の正規化を中心に解決しようとする方法が正しいと思います。しかしながら、シルバーマネー導入は地方のシルバーマネー地域周辺に経済的にプラスの効果をもたらし、年金等はなくても地方でより多くの若者が暮らすことも可能になると考えられます。

エンパワーメントについて

家族の解体、終身雇用制の解体の中で、人間社会の中で生きていく気力を失い、経済的にも限界的な状況に置かれる人が増加しており、彼らの抱える総合的な課題を解きほぐし、本人の意欲や能力を最大限引き出し、自己肯定感を回復していくような働きかけが求められます。この働きかけに関しては、①その人「丸ごと」、あるいは家族「丸ごと」包括的に支援すること、②できるだけ早期に支援すること、③人間が当事者に寄り添い支援すること④同じ経験を持つ人が支援すること⑤地域の受け皿を一般市民の参加を得ながらつくり出すこと、が必要だと考えられています。

エンパワーメントの必要性が認識されたのは、２００８年のリーマンショック以降に、非正規雇用にあった若者を中心とする被用者が契約解除、あるいは解雇され、多くの失業者が発生し、企業の寮から追い出され、路上にあふれた時です。２００８年年末、東京都内の日比谷公園において、市民団体や労働組合などによって食事と寝泊まりする場所を提供する「年越し派遣村」が開設されました。そこに集まった人が予想を上回り、用意していたテントでは不足したため、厚生労働省の講堂が緊急措置として開放される事態となり、社会的に大きな注目を集めることになりました。

この時に明らかになったのが、生活困窮に陥った人にとって、公的な支援制度は十分でないばかりか、制度があったとしても実際はアクセスしづらい、ということでした。当時支援制度として活用可能だったのは、①寮付き求人等の就労支援②当面の生活資金確保のための生活福祉資金(緊急小口資金)③生活保護だけでした。雇用分野にも福祉分野にも十分な制度がなかったのです。その後、非正規雇用に対する支援制度は、雇用分野と福祉分野のそれぞれで強化が図られ、雇用分野では補正予算によって「緊急人材育成・就職支援基金」が創設され、福祉分野でも生活福祉資金の拡充が図られました。しかしながら、問題はこれらの制度が申請主義、すなわち、困窮した人が直接窓口に赴かないとサービスが受けられず、社会的孤立の人にとっては、どこに、何を頼ればいいか知ることが難しいということでした。

このような問題を解消するために、最初に取り組まれたのは、「場所」によるワンストップサービスです。２００９年末に、12月21日を中心に全国２０４カ所のハローワーク等で、ひとつの場所で失業者を対象に職業相談、住所、生活支援の相談・手続きを行うことができる取り組みをし、そこに多数の利用者が訪れました。しかし、これだけでは継続的な支援にならないということで、２０１０年6月に「新成長戦略」において「パーソナル・サポート・サービス事業（ＰＳ事業）」が実施されました。ＰＳ事業は、パーソナル・サポーターが当事者が抱える問題の全体を把握した上で、支援策を当事者の支援ニーズに合わせてオーダーメードで調整、調達、開拓し、継続的に支援を展開するというもので、いわば「人」によるワンストップ・サービスの取り組みでした。このＰＳ事業は、４割以上の対象者を就労に結びつけ、対象者の自立度合いを高めることができました。

このような取り組みの中で、生活困窮者の支援は、当事者を丸ごと受け止め、伴走し、見守る包括的な支援でなくてはならないことが分かってきました。そこで、相談支援を主軸に据えて立法化された制度が「生活困窮者自立支援法」で、２０１５年4月から施行されています。この制度は、相談窓口を設け、生活困窮者をできるだけ早く把握し、福祉事務所やハローワーク、ＮＰＯ、社会福祉法人、消費者生活協同組合、民間企業と連携しながら、一時支援、就労準備支援、就労訓練支援、住居確保給付金、学習支援、家計相談支援などをパッケージとして行うもので、制度のスタートから2年以上になりますが、新相談者は2年で約45万人、伴走型の支援対象者は12万人、就労や増収という段階を経て自立に向かっている人も約6万人に達しています。

社会的孤立のリスクを抱え、生活に困窮する人をつなぐ先は、一般就労の場合もありますが、非正規雇用の被用者や、ひきこもり、若壮年無業者、ひとり親家庭、高校中退の若者、障害を抱えた人たちなど、就労機会に恵まれない人も多く、そのような人たちは「就労準備支援事業」や「就労訓練事業制度」につなぐ場合もあります。また、地域活動にいざなうこともあります。雇用、教育、住まい、農業、福祉の各分野の連携、融合も図りつつ、新たな支援形態が創造される可能性が広がっています。生活困窮者自立支援法がきっかけとなって、地域のさまざまな組織、人的ネットワークが地域のセーフティーネットとなっていくことが期待されます。

しかし、このような政府の努力にもかかわらず、実際に社会的孤立に置かれている人々の数はまだまだ多く、高齢化が進むと、社会との接点の少ない人々の困窮化がますます進みます。そこで、まず、生活困窮者自立支援法の窓口を拡充し、あるいは生涯教育、地域活動などを活性化するとともに、その現場で、困窮者をできるだけ早く見出し、高齢者については条件が合えばシルバーマネー地域への誘導を図っていくべきだと思います。

子育て支援について

日本の若い世代は、結婚し子どもを持ちたいという希望を強く持っています。若い世代の結婚に対する希望割合に、希望する子どもの数を乗じた数字が1・8で「希望出生率」とよばれています。これは、オーストラリアの出生率1・8、イギリスの出生率1・81と同じ水準であり、日本国内では沖縄の出生率のみがこの数字を越えた1・95で、次いで島根県の出生率が1・75です。2017年4月に、社人研は将来の人口推計をとりまとめましたが、2012年の推計と比し、将来の仮定値（中位推計）を1・35から1・44に引き上げました。今後仮に出生率が2030年に希望出生率である1・8を実現し、2040年に2・07にまで回復すると、2060年の人口は約1億200万人となり、長期的には9000万人程度でおおむね安定することが見込まれます。そして、現在の推計では、高齢化率は2065年に38・4％に達した後は、高止まりするとみられていますが、**出生率の回復がなされると、高齢化率は2050年の35・3％をピークに長期的には27％程度まで低下し、そこで安定することが見込まれます。この高齢化率は2016年現在の高齢化率（27・3％）とほぼ同じ水準です。この意味で、出生率回復は究極の高齢化対策と言えます。**また、出生率が回復した場合にも2080年頃まで人口は減少し続けるので、この場合でも人口減少に適応する「調整戦略」は必要です。

出生率の高いフランスと日本を比較すると、フランスでは20代前半から出産がはじまっており、日本の場合、結婚年齢の遅れと、それに伴う出産年齢の遅れが出生率全体を引き下げていると言えます。そして、3人以上子どもを持つ割合が、アメリカ34％、フランス31％、スウェーデン28％に対して、日本は21％と低いことも出生率を押し下げています。これをもたらしている原因として、非正規の男性の婚姻率が低いこと、男性の労働時間が長く、夫の子育てへの参加度合いが低いこと、都会に住む女性に親の支援がなく、保育所も足らないこと、日本では教育費を含め、子育て費用が高いこと、産みたい時には、産める年齢を超えていたなど、さまざまな低出生率の原因が指摘されています。

出生率の回復には、妊娠・出産知識の向上や結婚機会の増加に始まり、働き方改革や保育環境の整備、育児費用の支援、住宅環境の補助などさまざまな分野の施策が必要です。非正規雇用の正社員化についてはすでに触れましたが、次に大きな問題を孕んでいるとみられるのが社会保障の分野で、現在の日本の社会保障は、高齢期の支援が中心になっており、税方式を基本としている「子育て支援施策」が大きく立ち遅れています。主要国の家族関係社会支出の対GDP比（2013年）を見てみますと、日本は1・26％と、イギリス、（3・80％）やスウェーデン（3・64％）、フランス（2・91％）に比べると半分にも満たないのです。また、雇用政策の中で行われてきた、仕事と子育ての両立支援施策としての、出産・育児休業や、育児手当、労働時間規制や休暇制度についても日本においては不十分であると言われています。**シルバーマネーを用いることにより高齢者福祉分野への税金投入を減らし、今後は子育て分野により多くの予算を投入し、児童手当の増額や、医療費、教育費、居住費などの費用の負担軽減・免除、多子世帯に対するより大きな支援を行うことが求められます。**

また、社会的な孤立の問題を抱えた親子について、サポート体制の包括化が求められています。現状では、サポート体制が、妊娠期は妊婦健診機関、出産時は産科医院、産後は市町村の保健所、子育ては小児科と保育所というようにバラバラで相互の連携も十分でありません。そこで、フィンランドの「ネウボラ」という制度を参考に、妊娠期から出産、子育て期にわたるさまざまなニーズに応じた相談支援をワンストップで対応し、切れ目のない支援を提供する取り組みが模索され、日本でも「子育て世代包括支援センター」として2015年度につくられています。

子育て支援の財源を巡っては、考えられているものが三つあります。一つは、税財源を強化しようというもので、消費税をひきあげ、その税収を子育て支援に重点的に投入するというものです。二つ目へは、「こども保険」のような形で、子育て支援のための新たな社会保険を導入する考え方です。三つ目は、年金や、医療保険、介護保険が自らの制度における持続可能性や将来の給付水準を高めるために、連帯基金に拠出し、この連帯基金を子育て支援に活用するという構想です。しかしながら、子どもを育て終えた、あるいは子どもを育てるという選択をしなかった世代から保険料を徴収するということ、あるいはそれでなくても生活の苦しい若い世代からの保険料徴収も難しいことから、保険制度については、無理があると考えられます。また、今、各保険の財政が非常に厳しく、その中から資金供出してもらう合意を得ることも容易ではありません。**そこで、繰り返しになりますが、シルバーマネーの導入により、予算に余裕をつくり、税金の投入により子育て支援を行うことが適切だと考えます。**

そしてもう一つ、子育て支援、特に仕事と子育ての両立支援は、企業にとっても自らの問題として捉えてもらわなくてはならない、という考え方が出てきています。保育サービスは、企業の従業員が生産活動に従事するために必要なもので、その子どもの育児を企業の代わりに地域が代替していると捉えることができますので、今後の費用負担において、経済界により大きな役割を担ってもらわなくてはならないと思います。

人材不足について

２０１５年の産業別雇用者を見ると、医療・福祉分野の雇用者数は約７８４万人で、前年から約27万人伸び、全雇用者数の伸びのうち半分を占めました。１９９７年以降の経済状況の低迷のもと、雇用の急速な縮減を補ったのが２０００年に導入された介護保険をはじめとする社会保障の分野でした。ところが景気の回復があり、現在社会保障サービスの各事業者は人手不足で頭を抱えている状態です。社会保障の将来推計によると、これからのニーズの増大を踏まえると、２０２５年には２０１２年の水準に比べて、看護職が70〜80万人、介護職が90万〜１００万人追加的に必要となると試算されています。この増加分を新規学卒者で補うとすると、約10％近い人が看護と介護の仕事に就かなくてはならないことになってしまいます。

シルバーマネー地域では高齢者が高齢者の介護をしていると考えられます。シルバーマネー地域の居住者が安定期で数百万人、シルバーマネー地域に住む人口のうち、介護を受けているのが約２００万人だと仮定し、逆にこの地域に同じくらいの数の介護ができる体制の高齢者がいると考えると、シルバーマネー地域においては、現役世代の労働力を使わない、ということが実現します。ここで問題になっている、シルバーマネーを導入しない場合の追加分の看護・介護要員百数十万人のかなりの部分を代替できるのではないかと考えられます。

シルバーマネー地域に移動する高齢者がいるとしても、シルバーマネー地域外においては、それでもまだまだ労働力不足の中で、これまで行ってきた量の介護・看護サービスをどうやって提供するか、という話になりますが、サービス改革は次の三つのアプローチを並行して進めていくことになります。第一が「イノベーションアプローチ」、第二が「サービス融合アプローチ」、第三が「人材多様化アプローチ」です。

第一の「イノベーション・アプローチ」は、ＩＣＴ（情報通信技術）などを活用して、業務の簡素化、効率化を進めていくことです。ペーパーレス化、ロボットの導入、見守りシステムなどが含まれます。

第二の「サービス融合アプローチ」とは高齢者介護や障害者福祉、保育など各分野の施設やサービス拠点を統合し、業務の融合を進めていくことです。そのうちの一つが「共生ケア」とよばれる、高齢者と子どもたちを一つの家族のように過ごさせようという取り組みで、富山型デイサービスと呼ばれている取り組みが先駆者です。もう一つは、人口減少に対応するため、一カ所で既存の制度の枠組みを超え、多様なサービスを提供する取り組みで、高知県が有名です。高知県では、高齢・障害等を問わない福祉横断的な支援拠点を地域ごとに設置し、見守りや生活支援、居場所の提供など、住民のニーズに応えるサービスを展開しています。その数は２０１６年現在、29市町村43カ所にのぼっています。

第三の「人材多様化アプローチ」は、社会保障サービスに関する専門人材の養成に関わる取り組みです。現在の社会保障制度は、さまざまなニーズに対応する「縦割り」のしくみとなっており、人材もそれに沿って分野ごとに専門人材が要請されています。例えば、国家資格（医師、看護師、薬剤師、理学療法士、作業療法士、社会福祉士、介護福祉士、保育士など）や、専門的な研修を受けることで与えられるもの（ケアマネージャーやホームヘルパーなど）などさまざまです。大学や専門学校等における養成プログラムは、各分野で独立して設定され、資格要件・試験も基本的には独立しています。したがって、ある人が保育士の資格を取りたいとすれば、通常、大学で4年間または短大等で2年間の教育を受けた後に保育士の資格を得ますが、その同じ人がさらに介護福祉士の資格を取ろうとすると、一年間の教育を受けた上で、資格試験を受けなければならないのです。しかも、介護福祉士は、210時間（2カ月程度）の現場研修を受ける必要があるので、働きながら介護福祉士の資格を取るのは実際上非常に困難です。そこで、この「縦割り」の専門資格の「相互乗り入れ」が進められないかを検討する必要があります。ケアの面でもいきすぎた「専門分化」が現場の業務の細分化をしている面があるとされています。資格の統合は、「包括ケア」の方向に沿ったケア業務の改善をもたらします。

そこで、直ちに資格を完全に統合することは難しいので、資格取得者については、一から基礎課程を受けることまで求めずに、一定の上乗せ履修で他資格が取れるようにする措置を行うこと、将来的には専門人材の養成課程を大きく変えて、医療・福祉の複数資格に、「共通基礎課程」を創設し、各資格の専門課程をその上に乗せる「二階建て方式」への切り替えを行うことが考えられます。フィンランドでは、10の職業資格を統合し、高齢者ケアから障害者ケア、保育ケアまで総合的な養成を目指すカリキュラムが設けられており、最初の2年間は共通過程とし、

3年目に専門課程を選択することになっています。そして、そのように資格や、働き方が包括的なものになった時には、報酬の評価方法も見直すことが必要となります。

最後に、非シルバーマネー地域においても高齢者のケア現場への参加が検討されています。例えば、介護現場においては、業務のすべてについて専門人材が必要なわけではありません。食事や入浴の準備・片付け、ベッドメーキングなどの業務、さらに、見守りや話し相手になるといったことは、一般の高齢者であっても十分に可能です。東京都稲城市では、研修をした高齢者に「介護支援ボランティア」として、食事の準備、見守り、話し相手などの業務を手伝ってもらう制度を設けています。介護支援ボランティアは、手伝いをすればポイントがもらえ、一定のポイントがたまれば介護保険料支払いに充てることができるというものです。また、地域の子育て支援においても、社会的リスクを抱えている人を支援していく場でも、高齢者には重要な役割が期待されています。

シルバーマネー地域で高齢者同士の介護・ケアを行う場合に、介護者に現在と同じような資格を要求することは実際上できません。ですから、簡素化したプログラムをつくり、地域内で履修ができるシステムをつくる必要があるでしょう。シルバーマネー地域に移る前に、都会などにおいて生涯学習の中で必要な過程が履修できるカリキュラムも必要でしょう。

住まいの保障について

日本では、これまで住宅行政は社会保障行政と分立した形で展開され、終戦後、当時の建設省による住宅行政は、戦後の絶対的な住宅不足を背景として、「住宅金融公庫」による融資、「公団住宅」の直接供給、地方自治体による低所得者層向けの「公営住宅」の提供という政策体系から成り立っていました。高度成長期以降は、農村人口の都市部への大量移動に伴い住宅難が大きな問題となり、その解消のため、公団住宅の大量供給とともに、「持ち家政策」が強力に推進されました。住宅は国民にとって、豊かな住生活を実現する拠点であるとともに、資産価値を有する個人資産として位置づけられてきました。住宅投資は景気対策として捉えられるなど、住宅政策は、生活保障という社会保障的な考え方と異なる政策理念のもとで発展してきたのです。

この政策のため、高齢者世帯のうち約8割は持ち家に住んでおり、そうした人の多くは老後生活の基盤が確保されていますが、一方、低所得世帯の中には持ち家がなく、老後の居住に不安を抱くケースが増えています。低所得者向けの住居としては、「公営住宅」があり、年収100万円未満の低所得高齢者世帯のうち、ほぼ半数が公営住宅に住んでいますが、既存の公営住宅は満室に近く、新規建設も多くは望めません。このため、低所得の高齢者は都市部では劣悪な条件の民間住宅に住んでいるケースが多く、最近では、トラブルを嫌ってそういった住宅さえ入居することが難しくなっています。このため、住まいのセーフティーネット対策として国土交通省において民間住宅の受け皿対策の整備が取り組まれ、低所得者の入居支援を行っています。国土交通省は、住宅セーフティーネット法に基づき、子育て世帯や高齢者など住宅確保要配慮者を入居させる住宅の所有者に対して、国と地方自治体で、家賃低廉化に対して最大月4万円、住宅改修費として最大100万円を補助する制度を創出しました。

シルバーマネー地域は、そもそも高齢者が若者に住宅居住の権利を何らかの形で譲ることによって若者に都市部の住宅を供給することを重要な目的とするわけですから、シルバーマネー地域に、住まいに困っている高齢者を無制限に受け入れることができないのは当然です。しかしながら、例えば、住まいに困り、なおかつ無年金者でも、働く能力と意志があり、シルバーマネー地域で受け入れ可能であれば、シルバーマネーを貸し付けて地域に住まわせる制度があっても良いだろうと考えます。

コンパクトシティー＋ネットワーク・空き家活用について

近年は、住宅と社会保障の新たな関係が生じており、それは人口減少による居住空間の「希薄化」に社会保障の点からどのように答えるか、という問題です。人の居住密度が下がって来る「希薄化」は、サービスにある程度の「需要密度」が必要なところから問題になって来ます。サービス業や商業では一定の顧客数が見込めないと、その地域での活動が維持できないのです。例えば、コンビニの存続条件は半径500メートルの商圏に人口が3000人以上ということが一般に言われています。

国土交通省は三大都市圏を除く市町村を前提として、サービス別に必要となる需要規模を算出しており、それによると、需要規模の大きいものから見ると、ショッピングセンターは7万7500人、有料老人ホームは4万2500人、救急告示病院は1万7500人、一般病院は５０００人を切ると存在確率が50%を下回るとされています。さらに需要規模の小さなものでは、日常生活に必要となる飲食料品小売店や飲食店、郵便局、一般診療所や介護老人福祉施設は、５００人が一つの目安となっています。居住空間の希薄化が進むと、住民にとってサービス拠点が遠距離に存在することとなり、医療・介護で言われている、住み慣れた環境で人生の最後まで暮らす「地域包括ケア」と呼ばれる考え方も成り立たなくなります。

そこで、居住空間の希薄化に対応し、人口減少時でも住み続けられるように、地域全体の環境をどう整備するかが重要課題になります。第一には、ＩＣＴなどを使ったサービス形態の革新です。第二には、地域の住民が日常でかけていく場所として、生活関連サービスを集約した地域拠点をつくることです。高齢者介護や障害者福祉、保育を一緒にした「共生型施設」のことを触れましたが、それをさらに進めて、日常生活品の販売、ガソリンスタンド、金融サービスなども同じ場所に集約し、それを周辺集落とコミュニティーバスなどの交通ネットワークでつなぐ「小さな拠点」をつくるという考え方です。第三の対応策は、地方都市などにおいて、需要密度を高めるために「住み替え」を促進していくことです。この三つの対応策は「コンパクトシティー＋ネットワーク」という言葉で表現されます。

コンパクトシティーとは、都市機能を担う公共施設や商業施設、医療福祉機関等が市民にとってアクセスしやすく、利便性の高い形で配置されている都市であり、ネットワークとは、その都市のサービス拠点に公共交通機関を使ってスムーズにアクセスできる交通網が整備されていることです。この両者を組み合わせた「まちづくり」が人口減少に対応した地方都市の究極の姿だと言われています。住民にとっても、サービスを提供する事業者としても、インフラを整備する自治体にとっても都合がよい形ということになります。この形をつくりあげようとすると、公共施設の集約化や生活関連サービスの再配備、すでに住んでいる人々の住み替えなど、利害調整が難作業になりますが、人口減少時代において、地方都市が目指すべき大きな目標は、このコンパクトシティーであると、山崎史郎氏は強く主張されています。ただし、その進め方や目標とする姿は、地域によって多様であり、それぞれの地域が有する自然環境や歴史的な資産を最大限尊重したものでなければならないでしょう。全く新しい場所を開発し、そこに新たな街をつくるようなケースは多くなく、その点から見て、「空き家」「空き地」の利活用が重要になると考えられます。

コンパクトシティーとシルバーマネー地域がどのような関係にあれば、シルバーマネー地域の運営にも、周辺の地域にも良い影響が出るのかは、今後検討しなくてはならない大事な論点ですが、ここでは、コンパクトシティーをつくらなくてならないという要請が、社会保障の観点と自治体運営の観点から要請されている、ということだけを認識しておくに留めます。

空き家の総数は、国土交通省の、「住宅・土地統計調査」によると、全国で820万戸にのぼっており、今後さらに増加することが見込まれています。山崎氏はこうした空き家の中には、コンパクトシティー化を進める上で有用な場所に立地しているものも多く、これを改修あるいは建て替えして、新しい住民にきてもらったり、介護施設、保育施設、オフィスなどに転用したりすると、自然環境の破壊も少なく、歴史的な街並みの保全にも役立ち、多様な形のコンパクトシティーになり得るとしてされています。**そして、シルバーマネー地域をつくる時に、空き家をどの程度利用するか、ということも重要な論点になると考えられます。**

これまで、このような形での空き家活用の動きが弱かったのは、住宅は個人資産だという捉え方が原因になったと考えられます。コンパクトシティーを目指した地方自治体の取り組みが、公共施設や商業施設の整備に集中していたのも、住まいには公的資金を投入しづらいということが背景にあったと考えられます。山崎氏は今後、空き家や空き地の流動化を本格的に推進していくためには、公的資金を積極的に投入することも検討する必要があるとされ、空き家の改修、建て替え、空き地の活用資金を公的に補助する制度の導入や、空き家や空き地を公的機関が買い上げ整備して提供するような手法を提唱されています。このような空き地の利活用は、住宅を「社会資源」とする考え方に立脚します。従来の「住宅は個人資産である」という政策理念の転換となりますが、人口減少時代においては、そうした発想の転換が求められます。**シルバーマネー地域内で、都会等から移住してきた人たちの住む住居についても、すべて国有あるいは公有にし、居住者には賃貸するべきだと考えます。**

住宅手当・「生涯活躍のまち」構想について

住宅政策の視点からは、住宅手当は、住まいのセーフティーネットとして、公営住宅と対比する議論が行われてきました。公営住宅は、入居できた人とそうでない人の不公平や、多様で他世代にわたる地域コミュニティーの形成が難しいなどの問題点があり、民間住宅を活用した家賃補助が効率性の高い政策手段だと考えられるようになりました。しかしながら、財政負担の困難、受給者の自助努力を削ぐのではないか、生活保護とのバランス、などが言われ、国の制度としての家賃補助は、日本では、先ほど述べた、住宅セーフティーネット法によるもの、生活補助制度における住宅扶助ぐらいしか存在しません。諸外国では、低所得者に対象を絞ったもの（アメリカ・イギリス）、もっと広い階層を対象にするケース（北欧諸国など）など制度化している国は多くあります。

しかしながら、住宅補助は、持ち家を持つだけの資力がない人に現金を支給するという経済面の保障だけでなく、生活のリスクを抱えた人たちを社会的孤立に陥らせないように「どこの地域でどのように住まわせるか」の重要性が言われるようになり、今後、住宅手当を、地域共生社会の構築や街づくりの推進など多面的な機能を考慮しつつ与えていくことが必要になると考えられています。その場合、単に現金を支給するだけでなく、住宅の要件の適切な設定、住まいのマッチング、入居後のフォローという「伴走型支援」の取り組みが不可欠であると考えられています。

そして、当初から、住まいと社会保障サービスなどを一体的に配置した「まちづくり」を進めようとする構想が進んでいます。２０１６年に地域再生法の一部を改正する法律によって制度化された「生涯活躍の街（日本版ＣＣＲＣ）」と呼ばれるものです。この構想は、大都会から地方への高齢者の移住だけでなく、地域の近隣から「まちなか」に住み替えるケースも含め、中高年齢者の住み替え全体を進めようとするものです。健康時からの入居を基本に移り住み、そこで健康づくりや就労、大学での生涯教育、地域福祉活動などへ積極的に参加し、高齢者が自ら地域の支え手として溶け込み、若者などさまざまな人々と一緒に社会活動するような、健康でクリエイティブな生活を目指します。そして医療や介護が必要となった時には、人生の最終段階まで継続的なケアを受けるような態勢を確保するというものです。生涯活躍の街には多様な形態が想定されており、一定のエリアを整備する形態もあれば、地域全体を視野に置き、アクセスに配慮した形で住宅や医療・介護拠点を配置していく形態もありえます。後者はコンパクトシティーそのものになります。

参考になる事例の一つが、石川県金沢市の「シェア金沢」です。ここは、総面積約一万1000坪の場所に、サービス付き高齢者向け住宅（32戸）だけでなく、福祉・児童入所施設や学生向け住宅が、相互に交流が進むように「ごちゃまぜ」に配置されています。入所している高齢者は60歳代から90歳代で、金沢市の他、県外からの移住者も含まれており、希望に応じて、農園での農作業や共同売店での就労、地域のボランティア活動などに参加しています。居住する高齢者や学生による住民組織が組織されているとともに、周辺地域から店舗などに来訪する地域の人々との交流も盛んです。ケアが必要となった場合には、併設している訪問介護事業所のサービスを受けられる体制となっており、医療が必要な場合に備えて医療機関とも提携しています。福祉や医療サービスが住まいと一体化することにより、最終的には「まちづくり」に到達するという、将来の地域ケアの方向を示す事例と言えるでしょう。

従来、このCCRCは、居住者が、都会の家などを処分したお金で入居することなどが考え

られており、ある意味非常なお金持ちしか入居することができませんでした。そこにシルバーマネーによる年金支払いと、シルバーマネーで家賃を支払い住める高齢者住宅をつくること、居住者に介護等の仕事が与えられることにより、CCRCが非常に大規模に成立する可能性が生まれたのです。このため。従来からCCRCの実現に取り組んでおられた方々には、シルバーマネーという手法は、非常に好ましく受け止めていただけるはずです。

地域組織の再編について

人口減少の影響は、地域により異なります。まず、東京都をはじめとする大都市では、当分の間高齢者が増え続けます。医療・介護ニーズの大きい75歳以上の高齢者の将来動向を見ると、2015年から2040年で、東京や埼玉では1・5倍の増加が見られます。大都市及びその郊外に整備されている医療・介護サービスは、将来のニーズ増大に見合うだけの十分な水準に達しておらず、また、人口減少に伴い人材不足が進むのは、大都市も地方も変わりません。

次に人口減少が進む地方都市です。高齢者も含めて人口が急激に減少していきます。自治体は、ひとつの自治体区域内で行政サービスを完結させる「自治体内完結型」の対応では限界が生じるため、広域的な対応が必要になります。「定住自立圏」(中心市と近隣市町村が相互に役割分担し、連係・協力することにより、休日夜間診療所や病児・病後児保育、デマンドバスの運行など、圏域全体として必要な生活機能等を確保する構想)や「連携中枢都」(一定要件を満たす都市が「連携中枢都市」となり、周辺市町村と連携協定を締結することで、「連携中枢都市圏」を形成し、圏域の活性化を図ろうとする構想）の考え方が打ち出されています。

こうした地域において、人口減少の影響を大きく受けるのは医療・介護事業者です。ニーズが頭打ちになり、いずれ減少に転じるため、事業を継続するための一つの方法としては、サービスのエリアについて市町村区域を越えて広げる「広域化」があり、もう一つには、地域密着をより強めていく形で、高齢者介護や障害者福祉、保育といった垣根を外して総合的にサービスを提供する拠点として「包括化」の方向を目指すことがあります。

２０２５年までを視野に、地域における医療展開を、都道府県が医療関係者と協議して策定する「地域医療構想」が２０１６年に全県でつくられ、また介護分野でも地方自治体が策定する「介護保険事業（支援）計画」がつくられていますが、今後の人口減少を考えると、２０４０年頃までを展望した対応が望まれます。

現在の医療介護体制を前提にしながら、シルバーマネー地域はつくられなくてはなりませんし、シルバーマネー地区ができ、地方へ大幅な人口移動があると、当然医療計画、介護計画は見直していただかなくてはなりません。シルバーマネー地域では、医療や介護が地域の活動の中心になると考えられるのですから、シルバーマネー地域を無視した、医療・介護計画は意味をもたなくなるでしょう。

最後に人口減少が急激な地域については、一定の人口規模や財源を必要とする制度や事業は、単一の市町村ではなく、複数の自治体が一体となって実施していく方向が考えられます。広域連合や合併という形で一つの大きな自治組織を形成する方向が考えられますが、地方都市も含めて周辺自治体間で機能を分担し合う「連携」の形態が進むことも予想されます。一方、地域住民に密着した事業については、市町村内のより身近な地域で担うことが考えられ、制度化された事業が地域に回帰していくことが考えられます。この点で今後注目されるのが、地域の生活や暮らしを守るために地域住民が中心となって運営する「地域運営組織」と呼ばれる地域組織です。

地域運営組織は、地域の住民がつくる任意組織であり、総務省の調査結果（２０１６年３月）によると、全国４９４市町村に存在し、１６８０団体にのぼっています。活動範囲は主として「小学校区」で、おおむね昭和の大合併で消滅した旧村エリアです。地域運営組織は、自治会の「協議機能」の場と、地域の社会福祉協議会やＮＰＯ法人などの「実行機能」を持ちますが、福祉分野に留まらず、地域の経済、安全防災、教育などの地域課題全体を対象としている点が特徴です。その結果、市町村行政が担ってきた「制度・政策の推進主体」としての機能の一部を肩代わりするとともに、人口減少などで民間の撤退が進む地域の日常生活を支えるサービスや地域づくりを担う存在として、「つながりの場」や「サービスのエリア」として地域を支えることが期待されています。

人口減少時代には地域の三つの機能、すなわち「制度・政策の推進主体」と「つながりの場」「サービスのエリア」の機能を市町村だけでなく、多様な地域組織で分担することが重要となります。しかしながら市町村をはじめとする地方自治体の役割は、決して低下することなく、「広域化」と「地域密着＋包括化」の両方の視点から、地域組織を含めた多種多様なプレーヤーを束ね、地域全体が機動的に動くようにしていく「地域マネジメント機能」を発揮することが求められます。**シルバーマネー地域についても、地方自治体内で大きな人口割合を占め、また自治体をまたいで存在するようなケースが考えられ、どのような管理体制をとるのかを十分に検討しておかなくてはなりません。**

日本が、日本人の苦しみの軽減のために今後行うべきさまざまな対応において、シルバーマネーの導入が、社会保障の観点から見て大変良い影響を与えることを確認できました。シルバーマネーには、年金や、医療介護の保険会計の破たんを防ぐという機能が基本にありますが、それに加えて、医療・介護の分野で今後必要になって来る、多くの人材をつくり出すという効果もあります。さらには、今後大幅に拡大しなくてはならない、社会的リスクを抱えた人たちのための事業や子育て支援政策などを行う資金を生み出す効果もあります。さらには、都会においても、地方においても沢山の新たに利用できる住宅を生み出し、子育て世代、高齢者双方のためによりよい住宅を供給できます。そして今後過疎に陥っていく地方都市などにおいては、現在試行されようとしているコンパクトシティー化における一つの重要な要素として、シルバーマネー地域が重要な役割を果たすことも見えてきました。

我々はどんな未来・シルバーマネー地域を生み出したいのか

それではここからは、社会保障の視点を越えて、我々がシルバーマネーを使って、どのような地域や未来をつくりたいのかを、街づくりや、文化という別の観点から確認する作業をしておきましょう。

私は、前出の二つの寓話と経済史的分析によって、私たちの価値観が大きく変化してきたことを述べました。さまざまな文明、価値観を経て、**現在それぞれの地域の環境と社会の持続性を追求する文明に変化している**ということです。そして、それは単純に先祖返りしたのではなく、世界が資本主義の危険性について理解を深めた上、地球温暖化対策などの経験を経て（世界が）一つのコミュニティーになり、互いに協力しあえる存在となり、他者、他国の存在のリスクが小さくなったこと、各国がそれなりの社会システムを備え、他国や他国の企業の収奪を簡単には許さなくなったことが背景にあると考えられます。

一方、日本の企業の国際競争力はまだ非常に強く、日本商品は海外で着実に売れ続けているだけでなく、これまでの海外投資も多くの金利配当収入をもたらし、バブル崩壊以降の20年間だけでも300兆円ほどの経常収支黒字が海外からもたらされています。また、東京のビルは建て替えが進み、美しい摩天楼が立ち並んでいます。この摩天楼は、一定の量の土地の上に、最大限の富を積み上げた姿、良きにつけ、悪しきにつけ資本主義の結晶のように見えます。この摩天楼の中で行われているさまざまなビジネス活動が、日本という経済システムを維持し、さまざまなリスクと闘ってくれていることには間違いがありません。その意味で、**日本の資本主義はこのまま力強く生きてもらわなくては困る**のです。しかしながら、この街で働いている人間には明らかに限界が来ています。華やかなビジネスのステージで戦える人間の年齢には限界があり、あるいは若い人でも、果てしない戦いに疲れ、あるいは人間としての生活を配慮しない労働条件に愛想をつかし、このシステムから離れようとする方が増えています。**日本の疲弊している労働者をどうするのか、人間の結びつきをどう取り戻すのか、社会と自然環境の持続可能性という問題に時代が正面から向かい合わなくてはならない**のです。世界における価値観の転換を、東京を中心とする日本の都市も受け入れていかなくてはならないのです。

そのような価値観の人が選択できる別の社会システムとして、里山資本主義を提案されたのが、日本総合研究所の藻谷浩介氏です。藻谷氏は、マネー資本主義のそばに小さく里山資本主義というお金に依存しないサブシステムが存在すべきだと述べ、次のような方法で人間性の回復が図れるとしています。

一つには里山経済の基本は、人間が農村に戻り、農産物をつくるところから始まるとし、この**農産物を「物物交換」**するところから、「貨幣を介した等価交換」では生じない、人間性の交流、絆の深まりが生まれると言います。ここでは、相手の農作物の経済的価値はいくらだ、と値段を付けないことが大事なのだそうです。このことを、漢文の教科書にあった荘子の「混沌」という生き物についての挿話で説明しています。それは、「混沌」という、のっぺらぼうのような生き物に厚意で目と鼻と口を開けてやったら、意に反して混沌は死んでしまった、というものので、何が何だかはっきりしないことを、はっきりさせようと作為することで逆に価値を損ねるというものです。この人がどうしてこの農作物をくれるのか、いくらくらいの農作物をくれたのか、などと問うことなく、特定の人間たちの間で物物交換が重ねられると、そこに「絆」「ネットワーク」が生まれ、これがGDPにカウントされない大事な価値だと言うのです。

二つ目は**規模の利益への抵抗**です。東日本大震災時の北関東では、1カ月も電気が止まっていた地区もあったが、ソーラーシステムなどを備えた家だけには灯りがともっていた、あるいは食糧が1週間以上来ない時に、親戚の農家からもらっていた米でカロリーだけは取ることができたなど、経済の規模の拡大は緊急時のリスクの拡大につながると指摘しています。あるいは、農業では、どうしても規格外の作物が沢山出るので、それを家族・親戚や地元福祉施設で消費することになり、規模の利益から外れた営みを行うことで地域内の経済循環を拡大することができるという指摘もしています。

三つ目は、リカードが発見した**分業の原理への異議申し立て**が必要だと言います。リカードの原理は、特異な何か一つに集中して専念する方が効率が上がり全体の福利厚生を増すというものですが、里山資本主義の実践者は、田畑を耕し、少々の大工仕事は自分でこなし、料理もし、観光事業者のようなこともすれば、通販業者のようなこともする、あるいはイベントプロデューサーのようなこともすると、一人多役をすることによって、逆に効率的に仕事をこなし、なおかつ楽しく仕事をしていると指摘しています。

四つ目は、個々人が資本主義社会の価値観、例えば人を収入で判断し、沢山お金がなければ生きていけないと感じるような、そんな**価値観から抜け出す**ことができると言います。それは、里山資本主義の実践者は、心がつながった人から、「あなたはかけがえのない人だ、あなたに感謝している」というメッセージを受け取ることができ、あるいは自然とのつながりの中で、まわりに自分を活かしてくれるものがあるという実感を得られると言います。それがお金しか頼るもののなかった人々の不安をやわらげ、自分自身に対する自信を回復させ、「金銭換算できない本当の自分を得る」ことができる、というのです。

私も自分で、少し大きな家庭菜園を営んでおり、藻谷氏が指摘されている農作業のメリットを享受しています。その意味で、里山資本主義の考え方はよく理解できます。しかし、人間が植物と向かい合うような田舎暮らし、地方の暮らしをサブシステムと言い切ることには少し違和感を覚えます。**地方で生きることを選択することには、単に資本主義からの人間性の回復のためというだけでなく、もっと深い意味がある**のではないかとも考えてしまうのです。確かに、シルバーマネーを国が発行できるのは、日本の円を用いた経済社会の中で、高齢者の必需品、例えば、エネルギーや食糧、日用品から医薬品に至るまで、そういったものが十分に供給できている、あるいはインフラ整備や安全保障、さらには子育て・教育に大きなお金をかける必要がない、という前提があるからです。成長した贅沢な社会が急速に高齢化した時、社会の歪みを是正するためのサブシステムとして「シルバーマネー地域」をつくるのだ、ということですから、これは**経済システム的にはサブシステム**でしかありえない、これは事実だと思います。

しかし、一方で、我々は、高齢者の世界という限定はありますが、さまざまな外的なリスクを考えずに理想を追求できる、本当に存在してほしかった地方や地域をつくれる時点にいる、ということでもあると思います。あるいは、「安定した家庭」の復活、という大平氏の夢は実現しませんでしたが、少し異なる形で大平政権の「田園都市構想」を実現できる時が来たのかもしれません。ですから、シルバーマネー地域で営まれる生活は、資本主義のサブシステムとしてだけではなく、また、医療・介護を行うための場所、というだけでなく、**高齢者としてそこに住まわれる方が本当にやりたいことができる街づくり**ではないかと思うのです。これまで街づくりにおいて実現したかったさまざまな要素をこのシルバーマネー地域において実現することも可能だと思います。「里山資本主義」は重要な指摘ですが、それさえも越えて、我々が何を実現したいかを考えておく必要があります。

もっと分かりやすく言うと、**我々がお金という頸木を外され、医療・介護という本来業務を横に置いた時、残された10年なり、20年なりを一体何をして生きたいか、という人間性の本質が問われる**ということです。そして、ある意味の理想、その姿が、シルバーマネー地域として形になった時、そこに現れた価値観は、きっと本体の日本経済の方に大きな影響を与えるでしょう。人間の価値観や働き方を変え、**日本人が一生を通じて、より家族や、共同体、自然との関わりを大切にする、そんな人たちに変わっていく、**そのスタートになると思います。いやもしかしたら、その時点で日本は真に、開国という作業を終え、開国以前の「農業文明」の価値観を取り戻し、「芸術・科学・スポーツ文明」に向かって一歩進むのではないかと思います。

しかしながら、どのような街にしたいか、ということは、本当に各人各様、人さまざまであると思います。全員が合意できる内容でまとめようとすると、社会保障的な要素、周辺自治体の損得勘定など、結局誰も魅力を感じないような街になってしまう可能性があります。そこで、実際にシルバーマネー地域をつくる時には、民間からさまざまな知恵を借りて、その地域の歴史や風土に合い、その地に住む人たちが、そこに住むプライドを感じ、自然との触れ合い、人との触れ合いを感じられるような、街づくりをしていただきたいと思います。ここから、この章の終わりまでについては、私が吹田市の市議会議員の経験などを通じて感じてきたことをベースに書きますので、すべての人に同感してもらえる内容とは思えませんが、私にとってはこうであるということです。お読みください。

美しい風土と歴史を活かしたまちづくり

まず、私は、吹田市を「太陽の塔と万博の歴史を中心に街づくりをしよう」と市民に訴えた経験があります。吹田市の場合、大阪万博の歴史と千里ニュータウンの良さは、さまざまに人が手を加え、より純化し発展させると、１０００年伝えることのできる内容がある、と訴えました。短期的な経済的利益よりも、街の良さ、文化、環境などを千年かけて積み上げて行く決意を、吹田市民に共有していただきたいと思い、市民の皆さんに、文化を守って守って世界一になった奈良と吹田市の類似性を話させていただきました。

そして、私は今でも、日本のどの地域でも、地域の核になる文化と歴史、あるいは地域の特色ある自然を核にした物語を紡ぎあげることが可能であり、そしてその物語が、その地域に継続的な人間の営みを定着させるツールになるのではないかと思っています。自分が、どうしてその場所を選び住むのか、その問いに対して、自分でしっかりと答えられるようになると、生活の満足感が格段に上がると思います。議論によって共通の歴史認識、未来への理想をつくり、それを力をあわせて運営・実現するまちづくりをすることになります。そして、シルバーマネー地域を受け入れることによって、そのような街づくりをするために必要なさまざまな知識を持った人材や資金が、都会から地方の自治体に入ってくるのではないかと思います。

そして、美しい風土と歴史を街づくりの中で実現するにあたって、シルバーマネー地域で今後つくられ改築される住宅は、国有または公有であることが大きな影響をもたらします。日本の住宅はこれまで私有を中心にしていましたから、どうしても街並みを揃えることが難しかったのです。シルバーマネー地域における建築物は、その地域の風土と歴史を反映させることで、おのずと統一感があり、そして個性的なものとなります。そこで、街の美しさをより際立たせることが可能になるのです。日本の各地域で、住民が地域の歴史にプライドを持つ街が育っていくことによって、日本全体がより魅力的な国となり、それが結果的にインバウンドの観光需要を生み出すと思います。

これまでは、生活をすることが精いっぱいで、あるいは会社から住む場所まで限定されて、どんな街に住みたいかを改めて考えることのできる余裕がある人は限られていました。しかし、今後シルバーマネー地域に住もうとする人たちは、これまでの住居を若い人に貸して賃料を得るなどの現金収入、そしてシルバーマネーの年金と、シルバーマネー地域における労働による収入で、余裕がある生活が計算できるようになります。すると、本当に住む場所を選べる、という恵まれた状況になることが考えられます。特に60代になった時、家族がいない、という大変つらい状況に置かれている方も多いわけですから、知り合いと話し合い、一緒に自分が住みたかった地方に移住し、その地域の風土と歴史の中に身を置くという選択ができるのが、シルバーマネー地域をつくる意義の一つでしょう。

植物に癒される社会

多くの人が、結婚できず、子どもを持てず、家族と住めず寂しい時間を過ごしています。昨今のペットブームも、日本社会の寂しさの現れではないかと感じる時もあります。私は、多くの都会人が地方に住みたいと思われるのは、もちろんそこに見える山や川、空などの景観の解放感がありますが、何よりもそこにある緑の美しさ、森や田畑の上を流れる空気の清浄さ、匂い、自然の中で食べる、近所で採れた野菜のおいしさ、などに癒されるからだと思います。私が畑をしている、というお話は先ほどもさせていただきましたが、私は畑に行くと、そこで育つ野菜や果樹の生命の息吹に打たれて本当に元気になります。人間は、すくすくと育つもの、それは人間の子どもであれ、動物であれ、そして植物であれ、彼らの生きるエネルギーに触れていたいと思う生き物なのだと思います。特に人生の終盤に至ったシルバーマネー地域の方々には、地方で、自ら野菜や花を育てる喜びを存分に味わっていただきたいと思うのです。私の家のご近所にも庭やプランターで野菜をつくられている方が沢山いらっしゃいますが、そんな方がシルバーマネー地域にきたら、ずいぶんと楽しいだろうと思ってしまいます。

そして、美しい風土ということと重なりますが、美しい田園風景が、日本の国土の美しさを支えていることは間違いのないことです。一方残念ながら、純粋に経済性だけから言えば、棚田などの日本の原風景を守ることは大変難しいという現状があります。私は、シルバーマネー地域に住んでいる人たちが、地元自治体の農業者と協力して、休耕田を耕し、棚田などの日本の原風景を守る活動をなさらないかと期待しています。これは篠原孝氏の『農的循環社会への道』（創林社）で紹介されている話ですが、「かつて、農業製品の自由化を巡って、ＧＡＴＴのウルグアイラウンドで世界各国が協議した時、ヨーロッパ各国から、農村の景観を守るために、農産物の輸入自由化について厳しい反対意見が出た。それについて自分が交渉担当として参加していた当時は、農村景観ということについてあまり良く理解できなかったけれども、フランスに駐在することになって、フランスの田園地帯を、民泊をしながらゆっくり見て回るという経験をしたら、フランスの田舎がいかに美しくて、原風景をしっかりと残していて、フランス人の生活の癒しの場として大切な役割を担っているかを理解できた。そのような意味で農業に補助金を与えているのも理解できた。日本でも、農村を日本人皆がリフレッシュする場として大切に守っていかなくてはならない」と書いていらっしゃいました。このように農村風景を守ることで、農村が心の癒しの場になる、そのための活動をシルバーマネー地域の高齢者がみんなで行う、そんなムーブメントが起これば嬉しいと思っています。

文化・芸術・スポーツ・生涯学習のまち

私は、シルバーマネー地域ができることの最大のメリットは、高齢者が孤立して生きるのではなく、ある程度の人数が集まって住むということで、自然と集団で行動するようになることだと思います。農作業や、地域のインフラの補修作業などで集まることもあると思いますが、何よりも、介護技術の習得など生涯学習の機会に人が集まる、ということが、人と人が出会う大切な機会になると思います。また、シルバーマネー地域、あるいは周辺自治体の公民館やコミュニティーセンターに高齢者の「サークル」を支援する場所ができ、そこで、音楽や絵画などさまざまな趣味をともにする人たちが集まることで、そこに一つの幸せの形が生まれるのではないかと考えます。「円」の世界の中では、職業や、社会的立場などによって、なかなか集まれなかった人たちが、そのような過去から離れて、楽しむためだけに集まることにより、多くの友人もできるのではないかと思うのです。そして、そこに集まってくる人たちは、それまでの世界で、さまざまな素晴らしい経験を重ねてこられていると思います。そのような方が講師になり、素晴らしい講座が沢山できるのではないか、市民大学と呼べるようなものもできるのではないかと思います。シルバーマネー地域には、このような人の活動をコーディネートする管理組織が必要であり、シルバーマネー地域の運営のための資金を（もちろんシルバーマネーで）つくる必要も出てくるでしょう。そして付近の地方自治体とは、ちょうど自治体と「地域運営組織」の関係のようなものをつくり、やわらかな連携を行っていくのがよいと思います。

スポーツが高齢者の健康と生きがいに重要な役割を果たすことは良く知られていることです。高齢者用のジムも普及してきていますが、簡単な体育館、ゲートボール場、テニスコートなども、付近の自治体の施設の利用も考慮しながら準備することが必要でしょう。その地域に住むことのストレスを最小限にすることが、このシステムを成功させるために重要ですので、ゴルフコースなどは贅沢だ、などと言わず、付近のゴルフ場との連携なども考慮しながら、シルバーマネー地域の建設は行うべきだと思います。

「ICTでつながるまち」「周辺地域に溶け込むまち」

東京オリンピックが近づいていますが、ICT技術を使って、日本各地でオリンピックを同時体験するプロジェクトが進んでいるようです。過疎地域に、やはりICT技術を持ちこみ、子どもたちに他地域の子どもたちと交流をもたせる事業も進んでいます。このような機会に通信・映像技術が発展すると、シルバーマネー地域に住みながら全国、全世界の人たちと交流を持つことが可能になってくると思います。この部分については、専門家によく検討してもらいたいと思います。それから、シルバーマネー地域において重要になるのが、医療や介護の分野で、例えば、離れた地域の医師の診断を受けられるシステムは、間違いなく必要になると思われます。そして、介護や見守りについては、ＩＣＴの技術を離れて、今後のシステムを構想することはできません。高齢者が、ある程度グループで住むということも考えられますが、戸建てに夫婦で住む形を基本にする場合も、各戸の介護・見守りをＩＣＴを用いて行うことが要求されると思います。

そして最後に指摘しておきたいのはシルバーマネー地域が「周辺地域に溶け込むまち」でなくてはならないことです。周辺自治体の歴史や文化を受け継ぐことで、シルバーマネー地域そのものが魅力的になりますし、周辺地域との人材交流がなければ地域の運営も円滑にできないと思います。周辺自治体との関係、特に介護施設・医療施設の利用関係については、個別の状況を確認しながら、新地域・旧地域ともに利益が出る形をつくっていっていただきたいと思います。そして、管理組織をどうするかについては、さまざまな大きさのシルバーマネー地域が生まれてくると思いますので、個別の工夫が必要になってくると思います。

これまでも、地域再生法の中で、「生涯活躍のまち形成事業」として、各都道府県・市町村がさまざまな案を検討されているとおもますが、「シルバーマネー制度」があると、ないとでは、事業の内容、規模が全く異なったものとなります。ぜひ、もう一度全自治体において可能性を探っていただきたいと思います。

ここで、申し上げたいのは、シルバーマネーを使ってどのような街づくりが可能なのか、まちづくりゲームのようなものをつくり、ぜひ多くの人のアイデアを入れながらシミュレーションをしていただきたいということです。

ここまで、この章において、日本の現状から始まり、シルバーマネーを使うと、どのように厳しい日本の現状を変えていけるのかについて述べてきました。そして、本来ならば、この章に続く章において、具体的なシルバーマネーの地域を想定して、その地域における、人、モノ、サービス、シルバーマネー、円の動きをシミュレートし、私が今まで述べてきた、シルバーマネーによる世界が、現実の社会の中で動いていくのか、第一次テストをした結果を書くべきだと思います。しかし、前書きに書かせていただいたように、その作業をすることにより、このシルバーマネーというアイデアを世に問うタイミングを失することを危惧しました。

そこで、その大切な検討は自治体職員の皆様や研究者のお力を借りることとし、シルバーマネーの記述については、ここで一旦筆を置くことにします。

第七章　２０５０改

（この文章は２００８年の作品を２０１８年10月における地球温暖化対策の進捗に合わせて数字等を修正したものです）

２０１０年、私は蒸し暑い東京で気の重い夏を過ごしていた。かなり前に出版社から依頼を受けた、青少年に地球温暖化対策を啓蒙するための本を書く仕事に、そろそろ取り掛からなくてはならなかったからだ。

地球温暖化と人類との闘いにおいては、人類の一方的な敗戦が続いていた。かつて、日本海軍が戦争末期まで巨大戦艦を建造することを止められなかったように、現代の産業社会も、化石資源を使い、物質的な集積を増やすことを止めることができないでいる。私は、この事態を若い人たちにどのように説明して良いか分からなかった。目を閉じれば、地球シミュレータの描き出す白熱する地球や、新潟沖で崩壊し始めたメタンハイドレートの泡、氷が大規模に溶け、黒々とした海面を現した北極海、砂漠化するアマゾン、そんな映像が次々と目の前に現れる。

私は十年前、二酸化炭素濃度の過去数百年間の増加率を、試みに最小二乗法という数式にあてはめ、将来の二酸化炭素濃度を数学的に予測したことがある。その時に現れた垂直にそそり立つグラフを見た時に感じた戦慄が、まだ私を捉えて離さないのだ。筆が進まぬまま、私はその日もデスクに座ったまま仮眠をし、そして夢を見た。

暗闇の中で、かわいらしい七歳くらいの男の子が光に包まれて立っていた。

「おじさん、おじさん……」男の子はくるくるした目を輝かせて言った。「おじさん……そんなに心配することないよ。僕たちの地球は滅んだりしない。僕が連れて行ってあげるよ……」

男の子の姿はすぐに見えなくなった。しかし、暗闇の中には、沢山の子どもたちが楽しそうにはしゃぐ声が、微かに響いていた。

私は、眩しさを感じて深い眠りから目覚めた。瞼が思うように開かず、白く濁った世界の中で、いくつかの人影が動いているのが感じられた。しばらくすると、目の焦点が合ってきたのか、物の輪郭が分かるようになった。一人の白髪の、おそらく医者であろう男の顔が近づいてきた。

「気がつかれましたか？　ご気分はいかがですか？」

落ち着いた声が聞こえた。私は体を動かそうとした。しかし、全身に痛みが走った。

「急に動こうとなさらないでください。先生は、今までコールドスリープで長い間寝ていらしたんですから。今は２０５０年の8月ですよ」

私は、驚いて本当に目が覚めたような気がした。記憶が蘇り始めた。

「先生は長期のコールドスリープ被験者の第一号になられたのです。人類が地球温暖化を克服した姿を見たい、と仰って40年眠られたんですよ。先生が目覚められることは、ニュースで流れていますから、日本中のみんなが知っています」

「それでは、地球温暖化はどうなったのかね、社会はまだ順調に機能しているかね？」

「先生に見ていただくために、プレゼンテーションを用意しています。ただ、今日は目が覚められたばかりですから、まだゆっくりしてください。もう少しして、先生が車椅子に座れるようになったら、すぐにご説明をさせていただきます」

その男はにっこりと笑った。

それから、一週間、私はリハビリをして過ごした。手足の感覚は徐々に戻ってきたが、最初は寝返りさえ自由に打てず、全身に痛みと倦怠感を感じた。そんな中で、自由に形を変え、寝たまま食事をしたり、シャワーを浴びたりすることのできるベッドや、口の中を清潔に保ってくれる器具など、これまで見たこともない医療や介護用の装置がずいぶんと役に立った。部屋は集中治療室用なのか窓がなかったが、薄いピンク色の壁や、光度を落とした照明、壁の絵、静かに流れる音楽、そして看護師の対応も心地よいものだった。

部屋の中は適度に温度がコントロールされ、エネルギーが不足している様子は感じなかった。壁の一部がテレビのような受像機になっているようだったが、患者に刺激を与えないようにという配慮からか、医者は、まだ私がテレビを見ることを許さなかった。

そして、私が太陽の光を浴びることを許される日が来た。医師に付き添われ、看護師に車椅子を押してもらい、私は廊下を進み、日の光の入る広いロビーに出た。太陽の光に目がくらんだ。が、目が慣れてくると、床から天井まで開口している大きな一枚ガラスの窓から、大学の構内のような風景と、見覚えのある山並み、そして青い空が見えた。モノレールが走っている。フロアーは高層階にあるらしく、若者たちが元気に歩いている姿が下の方に見えた。私は言った。

「あの山は、蔵王だね。でもあんなに木が枯れてしまっている。気温が上がって森が傷んだね。下の緑のところは植林したのか。でも、子どもたちは元気そうにしているね。地球は救われたのか？」

「まだ、戦いの途中だと思います」医師は言った。

「しかし、社会の大きな転換は終わりました。これからも、この方法で進めばいいと、社会の多くの人たちは希望を持っています」

「それは何よりだ。それでは、あれから世界がどうなったのか聞かせてもらおうか」

「そう仰ると思っておりました。準備ができております。ご案内します」


会議室の前には、沢山の研究者らしい人たちが待っていた。その中の一人、ごま塩の口ひげを蓄えた男がにこにこしながら頭を下げて言った。

「先生、お久しぶりです」

私は首をひねって彼が誰かを思い出そうとした。そして、やっと理解した。彼は私の研究所にいた、あの学生だ！　私はとても懐かしい感情に包まれながら部屋に入った。

「それでは、先生には初めてのご経験になりますので、この会議室の説明から始めさせていただきます」口ひげの男が話し出した。

「この部屋は、3D及びホログラム利用も可能な視覚情報のための装置の他、空気の流れや、香り、そして、人間の耳には聞こえない周波数を含む音波や振動、赤外線などを利用して、イメージをよりリアルに体験するための装置の備えられた部屋です。先生は、そのヘッドレストのある席にお移りください」

私は人の手を借りて、その席に移動した。照明が落とされ、耳元ではっきりした声が聞こえた。

「これからプレゼンテーションを行いますが、参加者同士は、マイクで自由に会話できます。先生、途中で何かありましたら、いつでもご質問ください。それでは始めます」

目の前に東京の姿が現れた。カメラが車に据え付けられているらしく、皇居や国会議事堂、そして東京駅周辺のビル群など懐かしい姿を映し出していく。空からの映像もある。ずいぶん低空からの撮影もあり、私にはどうやって撮影したのか分からなかった。ビル群はずいぶん成長している。私は聞いた。

「国会議事堂は建て替えられたのか？　形が少し変わったようだね。首都高速はどうなった？車の数がかなり少ないように見えるが。それから……車は皆電気自動車になっているね」

「東京はかなり変わりました。20年前に東京大震災があり、人的な被害は予想されていたより少なかったのですが、古い建物や高速道路にかなりの被害を受けました。それをきっかけに再開発が行われています。また、当時、通信網やライフラインが切断されたため、長期にわたって首都機能が完全に麻痺してしまう状態になりました。そのため、首都機能の地方都市への分散がかなり進みました。それから、木造住宅に大きな被害が出たので、新しく集合住宅をつくり、空いた土地を公園にする方針がとられました。公園が増え、水や空気もきれいになったので、東京もかなり住みやすい都市になったと思います。車は、特殊車輛を除いて電気自動車に置き換わりました。車だけでなく家庭でも、今殆どのエネルギーは電気で供給されています。かつては、オール電化は二酸化炭素の排出量を増やしてしまうという議論もあったようですが、現在では火力発電は非常時に限って行われますので、電力の使用が地球温暖化を促進するという議論がなくなり、生活のほぼすべてのエネルギーが電気で賄われています」

「火力発電以外の発電量が、どんな風に増えていったのか、それが一番知りたいところだ。説明してくれるか？」

「それでは、お連れいたします。先生。実現したんですよ」

突然目の前に壮大な海の姿が浮かび上がった。濃紺の海と、ターコイズブルーに近い明るい色の海を仕切る長い堤防のようなものがどこまでも続いている。その上には、風力発電装置が並んでいるのも見える。ところどころ水門があり、水が噴出している。閘門のようなものもあり、船が通れるようになっている。私にはそれが何であるかすぐに分かった。

「先生、これが20年前に完成したベーリング海峡ダムです。太平洋と北極海の水位差を利用し、枯れることのない水力エネルギーを供給し続けてくれています。長さ85キロメートル。ここで行っている潮汐発電や風力発電により、大規模な発電を行っています。電力は日本にも供給されています。それから、これも見てください。場所を切り替えます」

そこには、砂漠地帯に見渡す限り広がる風力発電の風車の群れが見えた。ここはゴビ砂漠ではないか。

「ここはシルクロード、中国の敦煌付近の風力発電基地です。定常的に強い風が吹きますのでここに建設されました。世界中で、このような風力発電や太陽光発電の基地が数多くつくられています」

「良く世界の国々が合意をしたね。特にベーリング海峡ダムは色々な国の反対があって、本当に実現するのか心配だったんだ。アメリカとロシアのみならず、ヨーロッパ諸国の気候に大きな影響を与える話だからね」

「沢山ご説明しなくてはならないことがあります。それではまず、ベーリング海峡ダムのお話をさせていただきます。

これは2007年夏の北極海の様子を衛星から撮影したものです。このように北極海の海氷が大きく溶け、黒い海面が広がっています。この時点で夏場に海氷の占める面積は、衛星による観測がはじめられた1970年代後半の夏の平均値と比較して、半分程度にまで減少していました。

北極海はユーラシア大陸、北アメリカ大陸に囲まれ、ノルウェーとグリーンランドの間にだけ入口の空いた袋のような形をしています。そのため付近の海との海水のやりとりが少なく、一年中氷に閉ざされる状態が維持されていました。また、北極海の海中なのですが、海中に北極海の海面の氷を発達させるしくみがありました。北極海に最も大量に流れ込む水は、大西洋から流れ込んでくる比較的温かい海水ですが、この水の塩分濃度は約35‰あります。これに対し、北極海には、海氷が解けた薄い海水や、大陸から流れ込んでくる淡水によってできた塩分濃度の27‰の海水の層があり、冷たいのですが塩分濃度が低く軽いため、これが大西洋からの海水の上に層をなし、蓋のような役割をして大西洋の温かい海水が表面に現れないしくみになっていたので、氷が発達したのです。

ところが、１９９８年以降、太平洋のベーリング海周辺の海水の温度が急激に上昇し、温かい海水が北極海に流れ込むようになりました。日本の海洋研究開発機構が、この太平洋からの海水の流入により、海水温が上昇し、北極海の海水の層状構造が崩れ、海氷が急激に減少していくしくみを発見しました。また、氷が減少したことにより、北極海の氷の全面的な回転運動が起こり、温かい水がさらに太平洋から北極海に送り込まれるメカニズムも発見されました。これらの北極海海氷減少のメカニズムは北半球のさらなる急激な温暖化をもたらすとして、太平洋からの流入水のコントロールが検討されるようになりました」

「北極海の氷が溶けた場合にどのような影響が出ると言われていたか分かるか？」

「北極海の氷がすべて溶けてしまうと、その影響だけで、15年間で世界の気温は2度、北極海周辺では10度上昇するという、東京大学気候システム研究センターのシミュレーションがありました」

「しかしそれでも、ベーリング海峡を閉じるとなると、氷河期が再来すると言ってヨーロッパ、特にロシアは反対したんじゃないか？」

「まず、世界のほぼすべての国が、化石資源の使用をほぼゼロに近づけ、地球温度の上昇を１・

5度から2度までに抑えるというパリ協定に2015年末合意しました。このように、地球温度の上昇を抑えるという世界的な合意がある中で、ベーリング海峡ダムについて、ありとあらゆる面から環境アセスメントが行われました。数百年間の海水温、海流、気候変化のコンピューターシミュレーションもなされました。その結果、北極海の温暖化による悪影響は、ベーリング海峡からの太平洋水の流入を大幅に減少させることにより、かなりの程度防げるということ、そして流入量のコントロールで、気温が調節できるというコンセンサスが生まれました。また、ロシアとしても、地球温暖化は決してプラスの影響ばかりでなく、森林、泥炭地帯の火災や、永久凍土の融解による道路の陥没など、さまざまな悪影響をもたらすため、海峡におけるダム建設に最終的には合意したのです」

「ベーリング海峡にダムをつくると、北極海に大西洋水だけが流れ込むようになる。塩分濃度が上がって、深層海流を生み出している大西洋北部の海水の深海への沈み込みが強まり、大西洋の温かい水がどんどん北上するようになって、北極圏は温暖化するという説があったが、どうなったかね」

「太平洋からの海水の流入が完全に止まると、長期的に大西洋の温かい海流が北極海に流入して北極海を温暖化させるということは今でも言われています。そこで、ダムは、夏場の温度の高い太平洋水を遮断し、太平洋側の海水の温度が下がると流すというオペレーションを繰り返しています。結果的に、ダムの完成後、北極海の海氷は回復しましたし、北大西洋の温暖化も進んでいません」

「それは本当によかった。しかし、このベーリング海峡ダムには莫大な投資が必要だったはずだ。その資金はどうやって調達したのか教えてもらおうか」

「それでは、ここで、その資金を生み出した世界みどり公社の説明をさせていただきます。この公社は、ポスト京都議定書を巡る激しい議論と、その後できたパリ協定の実施過程での困難の中から生まれてきたものです。京都議定書は、簡単に言うと先進国が法的な拘束力のある削減目標を約束したもので、削減を約束した以上に行った国には排出権というメリットが与えられ、排出を目標まで減らせなかった国がこれを買うことができるという京都メカニズムが導入され……」

「そんな基本的なことはここで説明する必要はない。パリ協定についての説明もいい。なぜ、世界が世界みどり公社をつくることに合意できたのか、なぜそれが資金を生み出せるのか聞きたい」

目の前に、二つの図が映し出された。

「この左側の図は、京都議定書を巡る利害対決を簡単に図式化したものです。簡単に、温室効果ガスを排出しているが、これを削減したいと思っている先進諸国と、内心では温暖化ガスのコントロールをさせたくない化石資源の産出国、そしてこれから化石燃料を使用した経済成長をしたいと願っている発展途上国の三つが基本的な利害関係者です。京都議定書では、この先進国の間にはお金の動きがありますが、化石資源の販売量が減少する資源産出国には何の保障もありません。また、発展途上国には一応ＣＤＭというメリットがありましたが、規模が小さく、条件が厳しく、発展途上国の産業を環境適合的に育てる力はありませんでした」

「この右側の図が、世界みどり公社が設置された後の資金の流れです。このシステムでは、まず公社が資源保有国から化石資源を買い取り、その資源を世界各国にカーボンプライスを上乗せして販売します。その収入で、資源保有国の支払いを行うと同時に、先進国や発展途上国に対し、エネルギー転換、産業転換への補助を行うのです。簡単に言うと、たばこの専売制と同じような化石資源の専売制を世界規模でつくったのです」

「よく資源保有国が資源の権益を手放したね」

「それは、これしか方法がなかったからです」口ひげの男が答えた。

「2010年頃、2012年末に終了する京都議定書の後、世界がどのような枠組みで温室効果ガスの排出を削減していくのか激しい議論になりました。アメリカや中国などの発展途上国の参加問題や、京都議定書の目標を達成できない国々の問題が出てきて、京都議定書の次の枠組みの中で、特定の国だけが厳しい削減目標を受け入れることは到底不可能だと考えられました。一方、大気中の温室効果ガスの増加率が急上昇していることが報告されるとともに、世界中で環境被害が発生し、世界が打開策を待ち望んでいました。そこで、パリ協定が合意され、化石資源の使用を制限することになりました。しかしながら、その合意後も、アメリカが合意から離脱するなど、化石資源の使用を継続したいグループの抵抗があり、再生可能エネルギーによる発電量は急激に伸びたものの、各国の化石資源が減少しませんでした。そこにこの世界みどり公社の案が提出されたのです。

高く評価する国も複数あったものの、最初は反対論も激しく沸き起こりました。しかし、世界中のＮＰＯや宗教指導者を含めた後押しがあり、資源保有国も、長期にわたる安定した収入というメリットに惹かれ、この案を受け入れていくことになりました。しかし、資源に関する国家主権の一部を世界組織に譲り渡すということは、本当に画期的なことだったと思います。あの後、引き続き各国が国家利益を主張していたなら、今頃世界はどうなっていたのか、考えただけで恐ろしくなります」

「それでは、この機構から生まれる資金で、先ほどのベーリング海峡ダムなどができたんだね」

「その通りです。２００４年にドイツで行われた再生可能エネルギーに関する国際会議や、国連持続可能開発委員会などで、再生可能エネルギーを世界中で導入していこうというコンセンサスは生まれていました。しかしながら、当時の大気中の温室効果ガスの増加率は凄まじく、各国の意欲的な目標を持ってしても、地球の気温上昇を2度以下に抑えるという目標の達成は難しかったのです。公社からの資金というエンジンができたおかげで、再生可能エネルギーのためのインフラ建設や、さまざまな地球温暖化対策が加速度的に進みました。

それから、再生可能エネルギー社会には不可欠なインフラとして、先生が提唱されたあのシステムが生まれたんです。」

「分かっているよ。あれができたんだね。地球電力ネットワークだ」

「その通りです。国際送電網、スーパーパワーグリッドと呼ばれています。再生可能エネルギーは、エネルギー源を豊富に有する供給地域と需要地域が遠く離れています。また、天候に大きく影響され、供給量が激しく変化する性質を持ちます。したがって、電力に占める再生可能エネルギーの割合が増加してくると、蓄電池などを使った、２０１０年代にスマートグリッドと呼ばれた、地域的な電力供給システムでは足りず、どうしても世界的な電力の相互融通や緊急時の応援が必要になってくるのです。従来の交流送電技術では、数十キロを超える送電を行うと送電ロスが問題となるため、先生の発明されたＳＩＴ技術で実現した直流送電技術により、地球を巡る送電幹線と高度な制御システムがつくられました。例えば太陽電池のように昼間しか発電しない電源と、夜に電灯用電力を必要とする需要のアンバランスを調整しているのが、この送電幹線です。これを見てください」

画面に世界中に広がる送電網が映し出された。

「送電網をどのような技術でつくるかについてはさまざまな検討がなされましたが、高温超電導ケーブル方式や、1万キロ以上殆ど電力ロスなく送電できる直流送電方式が採用されました。このインフラができたおかげで、発展途上国は、国内の再生可能エネルギーを輸出できるようになったのです。この映像を見てください」

サウジアラビアの砂漠地帯。そこに大きな多角形がいくつも浮かび上がっている。

「これは、太陽光発電の大規模な基地です。サウジアラビアは、オイルマネーをこの新エネルギーに投資しました。太陽電池の価格は技術革新のため２０００年当初から２０２０年代までに10分の1程度に下がっていましたので、この太陽電池発電基地は、他の再生可能エネルギー基地と同等の競争力を誇る、サウジアラビアの一大産業に成長しました。再生可能エネルギーについては、最終的にコストは土地の値段に収斂していきますので、人口密度の低い地域の活用が可能になってくるのです」

「まさにサウジの昼の光で日本の夜を照らす、だね。それでは、ここで基本的なところを教えてくれないか。一次エネルギーはどうなったか、温室効果ガス濃度がどの程度になったか、地球の平均気温はどうなったのか聞きたい」

「２００３年の時点において、世界は年間原油換算97億トンの一次エネルギーを消費していました。おおまかに言うと、石油、石炭、天然ガスの合計で85億トン、原子力と水力が各6億トンでした。一年に海に吸収される二酸化炭素は、原油換算で約35億トンしかありませんし、陸上の植物は、伐採や砂漠化のため、この時点で二酸化炭素の吸収源となる力を総体として失っていました。ですから、２０００年の時点で、1年で大気中に貯蓄される化石資源由来の二酸化炭素は、原油50億トン相当だったのです。この数字を見ると、ヨーロッパなどが言い出した、世界の気温上昇を産業革命以前から2度以下に抑えるため２０５０年までに世界の化石燃料の使用量を半分にしようという提案は、温暖化の防止のためには必要なものでしたが、エネルギー供給の観点から見ると非現実的に見えるものでした。

しかしながら、エネルギー消費の伸びは、世界各国の努力によりかなり抑制されました。２０１０年以降、先進諸国のエネルギー消費量は、省エネなどの効果により、横ばいか若干上向き程度となり、発展途上国のエネルギー消費も、省エネルギー技術の導入と消費活動を過度にあおらない政策が功を奏し、２０００年代に予想されたほどには増加しませんでした。

そして、再生可能エネルギーに対して約30年間に行われた数百兆円の投資により、２０４０年には再生可能エネルギーだけで年間原油換算90億トンに相当する電力の生産が可能になりました。これにより、化石燃料トータルの２０５０年における消費量は35億トンにまで減少しています。これに加えて二酸化炭素の固定分が年間原油換算20億トンありますので、世界トータルでは２０５０年の温室効果ガス排出量の削減目標を達成することができたのです。このため、二酸化炭素濃度の上昇は、ようやく年1ｐｐｍ以下に戻りました。２０５０年における二酸化炭素濃度は約４９０ｐｐｍとなっています。産業革命以前からの世界の気温上昇は２・２度に達しています」

「そうか」私は、まだまだ厳しい戦いが続いている現実を知った。

「二酸化炭素濃度を４５０ｐｐｍまでに抑えることはできなかったんだね」

「産業革命以前に２８０ｐｐｍだった二酸化炭素濃度は２０００年に３７０ｐｐｍを越えていました。

この頃、ヨーロッパ各国は気温上昇を2度までに抑えるために、二酸化炭素濃度を４５０ｐｐｍ以下に止めるべきだと主張していました。しかしながら、１９９０年代に年間1・5ｐｐｍ前後だった二酸化炭素濃度の上昇は、２０００年以降、２ｐｐｍを超え、２・５ｐｐｍを超える年も出てきました。２０1０年代に入ると上昇率は3ｐｐｍ台に上昇し、２０２０年頃に4ｐｐｍ近くになりました。しかし、その後は再生可能エネルギーへの転換が進んで次第に増加率が減少し、２０４０年代には1ｐｐｍ台に戻りました。今は、これを0に近づけるための努力が世界中で行われています。」

「化石燃料の消費量がまだ３５億トンもあるね。これは何に使われているのか？」

「発電や熱供給のために化石燃料が使われることは殆どなくなりました。今化石資源が使われるのは、石油化学工業などの原料用途が中心です。ただ、航空機の燃料としては化石燃料がまだ一部使われています。世界みどり公社がこれらの用途に高価格で化石資源を販売している収益で、エネルギー転換、産業転換が行われてきたということはお話させていただきました。それから、現在世界みどり公社からの補助金は、気候変動により被害を受けている国々への人道支援にかなりの金額が使われています。

「南の国々は大変厳しい状況に陥っているだろうね。どうなっているのか後で見せてくれないか。それを見る前に、もう一つ、先ほどの二酸化炭素の固定という言葉が出てきたが、そのことについて説明してくれるか」

「２０００年代の初めに検討されていた二酸化炭素の海洋固定は、液体の二酸化炭素を海水で薄めて深海に捨てるというものでした。二酸化炭素の水溶液は、もちろん酸性ですので、海中生物に与える影響が懸念されます。また、二酸化炭素は火力発電所の排気ガス中から化学反応で取り出すのですが、ここにエネルギーとコストがかかるということで、二酸化炭素を深海に沈めるコストも含め採算が合わないと、実験は中止されています。二酸化炭素の地中固定についてもさまざまな問題が発生しています。日本においては安定した地層が少ないため、量的には限られているようです。これらとともに事業化されていったのが、プラスティックなどの廃棄物や、バイオマスを使った炭素の海中隔離や石炭鉱山跡地への埋め戻しです」

「Xが使われているんだね」

「その通りです。2000年代の世界、特に日本では、プラスティックや下水汚泥などの有機廃棄物が焼却処分されていました。これはロンドン条約などで、廃棄物の海中への投機が規制された上、日本国内の最終処分場の容量が不足していたため焼却せざるを得なかったからです。ところが、2000年代の半ばにXという水熱化学を用いた物質分解装置が生まれ、状況は変わりました。この装置は、廃棄物を少ないエネルギー消費で、素早くアミノ酸やオリゴ糖という、生物が栄養源として取り込むことのできる形に変換することのできるものでした。そこで、廃棄物を焼却することを中止し、肥料にしたり、深海に有機物が通常存在しているアミノ酸などの形に変え、海洋に投入したりするようになったのです」

「バイオマスは、エタノールにするなど、燃料として活用され始めていたが、それはどうなったのか」

「バイオマスは、それ以前からブラジルなどでエタノールの原料として使われていました。確かに、そのままでは腐って再び二酸化炭素として空気中に戻ってしまうバイオマスをエネルギーとして活用しようとすることは、ある意味当然だったと思います。しかしながら、バイオマス燃料を、化石燃料を代替するものとして特別な植物まで生産してつくろうとしたため、貴重な熱帯雨林が失われました。また、食糧生産と燃料生産がバッティングするという問題も起こりました。結局、長期的に電化社会がつくられ、そのエネルギーがバイオマスエネルギーを除く再生可能エネルギーでおおよそ賄えるというコンセンサスが生まれ、効率の悪いバイオマスをエネルギー源として使うことは、農家がエネルギーの自給自足を目指す場合などを除き少なくなりました。

それに代わり、バイオマスをXを使って分解し海洋や炭鉱跡地などに投入することが、炭素の海中固定として世界みどり公社からの補助金の対象となったために、Xの使用が世界的に広がりました」

「それが、年間炭素換算20億トンあるわけだ。そんなにバイオマスがありますか?」

「バイオマスではありませんが、従来焼却されていたプラスティック系の廃棄物がかなりあります。それから下水汚泥、家畜系廃棄物が多いですね。林業関係のバイオマスも最近はかなり出てきました。中国や、アメリカの森林もかなり豊かになりましたから」

「乾燥化は進まなかったのか? それでは、このあたりで、世界の様子をまとめて見せてくれないか?」

「分かりました。しかし先生、少し休憩されませんか? もう30分以上も説明をお聞きになっていらっしゃいますが」

「大丈夫。元気が出てきたくらいだ。どんどん続けてください」

「それでは、まず中国の様子から見ていきたいと思います。まず、２０００年代の中国は黄河流域をはじめとして北部で乾燥が進み、南部は山林の伐採が進んだ上に豪雨が増加して、たびたびの洪水被害に見舞われていました。また、中国は、決して雨の多い地域ではありません。

これは、先生もよくご存じの、中国の黄河が海までたどり着かずに干上がる黄河断流の様子です。1972年に発生した黄河断流は、1990年代には頻発するようになりました。そこで、農業用水の摂取制限をすると同時に、長江の水を黄河流域に3本の水路で運ぶ南水北調に取り組みました。

中国は、失われた森林を回復するための事業に全力で取り組みました。地球規模での乾燥化の影響で植林が不可能だと思われていた黄河流域まで、植林事業を拡大しました。そのために現在中国の森林被覆率はかなり回復しています。

上海など沿海部を中心に都市化とモータリゼーションが進んでいた中国ですが、エネルギーと環境の限界を踏まえ、持続可能な都市づくりに力を入れていきました。中国新幹線の導入、拡大とともに、都市の中心部と近郊を結ぶ公共交通機関の整備を進めました。

食糧生産において中国は、穀物を増産するために、Xで処理した下水汚泥を用いる有機農法を全面的に導入し、穀物収穫量を大幅に増加させました。また鹿児島大学の境教授が発明された植藻林技術で、大連沖から福建省沖まで1300キロメートルにわたって全面的に大型コンブの海中林を育成し、日本の生産量の数十倍を生産しています。これに加え、さまざまな養殖漁業を推進して世界一の水産大国になっています。このため、中国は食糧をほぼ自給できるようになりました。また、エネルギー面でも、内陸部の風力発電、水力発電、太陽光発電基地などの建設が進み、石油の輸出量はかなり減っているようです。ただ、車の保有については、かなり厳しい条件ができたようですが」

「大気汚染対策はできましたか？」

「かなり改善して、日本の酸性雨の問題も解消しました」

「海水面上昇の影響は？」

「これは世界共通の問題です。防波堤を強化するなどの対策はどこの国でもとられています。しかし一方で、高潮などの際に万一浸水しても、生命や財産に大きな影響を与えないような街づくりにも取り組みが行われています。ゼロメートル地帯の住民については徐々に移住をさせているようです。中国だからできることですけれども」

「中国は比較的うまくいっているようだね」

「モンスーンアジアは降水量が多いので比較的対応が楽だったのです。しかし一方で、バングラデシュなどのデルタ地帯の浸水はかなりひどくなっています」

「バングラデシュはどうしているのか？」

「世界的に海水面が２０００年頃よりも30センチ近く上昇していますから、雨季は大変です。しかしながら、水面上昇時の避難所などを、世界みどり公社の補助金で沢山つくったので、難民があふれるという状況はなんとか避けられています。ただ、後数十年で限界がともいわれていますので、移住か、人口調節か、あるいはどのような土木工事をするのか、アマゾン流域と並んで、これから数十年の間で対策が最も必要な地域の一つですね」

「タイやミャンマー、ベトナムはどうか？」

「森林の伐採を早い時期に調整したのでこれらの国は助かりました。ただ、これらの地域は近代化が都市部で止まっているようです。」

「それでいいんだよ、先進国の生活習慣を押し付ける必要はないんだ。そうだ、それでは一番気になっているアマゾンの状況を見せてほしい」

画面は衛星から捕らえたアマゾン周辺の森林の姿を映し出していた。森林だった地域の多くは畑や牧草地に変わっていた。かつてイギリスの生態系水文学センターのピーター・コックス博士からアマゾンの砂漠化の予想を聞いた時の衝撃が思い出された。

説明が始まる。

「2005年の渇水により、アマゾン川中流域で断流した時、世界中が気候変動のスピードに戦慄しました。大西洋の海水温の上昇により、大気の動きが変わり、本来ならアマゾンの西側、アンデス山脈の近くで降るはずの雨が、大西洋上で降ってしまい、アマゾン周辺に旱魃をもたらしたのです。アマゾンに乾燥化が近づいても、人々はどのように対応してよいか分かりませんでした。経済が農産物の輸出に頼っていた上に、サトウキビからのエタノール生産も拡大し、森林の伐採はさらに進みました。降雨量が減ったことは最初のうちは農業に大きな影響を与えませんでした。森林は次々に焼き払われ原生林はすべて消滅するのではないかと言われていました。そこで、世界みどり公社は、ブラジル政府からの申請により、原生林の二酸化炭素固定化機能を認めるという形で、原生林の保護に補助金を出すようになりました。そのため、原生林は、インディオ保護地区を中心にアマゾン川流域で約40パーセント程度残りました」

「結局、経済活動と森林の共存は不可能ということなのか」

「強い政府による指導や、国民の環境教育に加えて、森林の伐採が経済的に成り立たないようにしないと、原生林の縮小に歯止めをかけることはできませんでした。アマゾン流域の乾燥化は、宇宙からもはっきり見えるほど進行しています。現在ではアマゾン川河口部分で砂漠化が始まっているようです」

「これからどのような対応をするつもりなのか」

「灌漑用水路の建設と、雨季の水をできるだけ大陸内に留めるよう大規模な土木事業が行われる予定です」

「それで長期的な対応になるといいがね。それでは北アメリカを見せてもらおうか」

アメリカを上空から眺めると、グレートプレーンズの南側にかなり森林が回復しているのが観察できた。南部の森林も残されている。西部やカリフォルニアには植林が進まなかったようだ。

「穀物生産を支えていた地下水源の枯渇と降水量の減少で、穀物生産は、かなり減少しました。また、ルイジアナやフロリダは度重なるハリケーンの被害にあい、脱出する人たちが増えています。アメリカ政府は、かつての穀倉地帯の一部を森林に戻すことを決定しました。森林を大幅に回復することによって、大陸の降水量を確保しようとしているのです。廃木材を家畜の食糧に変える技術が確立したため、家畜用の穀物生産量は、減少させることができました。また、トウモロコシを使ったバイオエタノールの生産は、食料用途での需要の増加により減少しています」

「アメリカの、あの莫大なエネルギー消費を再生可能エネルギーで賄うことができたのか？」

「アメリカには風力資源も、太陽光発電が行える広い砂漠もありますから、再生可能エネルギー資源には恵まれていました。しかしながら、アメリカにおいては水不足の問題が顕在化しています。アメリカ北部の森林は温度上昇により、かなりの被害を受けています。カリフォルニアの水不足も悪化しています。カリフォルニアから東部に移住する人たちも出ているようですね」

「ヨーロッパとアフリカ、オーストラリアも気になるな。簡単に見せてくれますか」

「ヨーロッパの北部は自然エネルギー社会をつくりあげ、洪水の頻度は増えていますが、安定な社会を築いています。ヨーロッパの南部が、大変厳しい状況です。２００３年のフランスやスペイン、イタリアを襲い、フランスで1万５０００人が死亡した熱波は、予兆にすぎませんでした。夏季にサハラ砂漠から吹いてくる熱風は、２０１０年以降、地中海沿岸諸国を継続的に襲うようになりました。２０５０年にはイタリアやスペインの平均気温は5度上昇しています」

「ヨーロッパの人たちはどうしているんですか」

「スペイン、フランスなどでは雨の量も減り、農業生産が著しく低下しています。南米などに移住する人たちが増えているようです」

「何か対策は取れないのか」

「長期的な水不足が、一番対応がやっかいなのです。かつては、人間は、死ぬか、移動するかの選択をせまられました。現在では海水の淡水化事業に力を入れるとともに、この地域の森林の回復に全力が注がれています。結局、砂漠化に対応するには植林しかないのです。森の面積が広くなると、森が全体として貯水池の役割をし、その地域の降水量にまで良い影響を与えます。しかしながら、気候の改善には長い時間がかかりますから、現在地中海沿岸諸国から、人々は逃げ出しています。これらの国々の人々に対しては、南米や他のＥＵ諸国、インフラ整備に人手のいるロシアなどが門戸を開いていますが、中東やアフリカ北部の水不足に対しては、文化的要因もあって、人口移動という方法を用いることがより困難です。国連世界食糧計画（ＷＦＰ）などが食糧援助をしていますが、厳しい状況が続いています。この地域は人口密度がもともと低いことが救いです」

「アフリカの他の地域はどうですか」

「アフリカでは人口の増加が環境の悪化をもたらしていました。一人当たりで使用できる河川水の量が多くの地域で激減しました。幸いなことにアフリカ中央部の熱帯雨林地域では雨量が増加傾向にあり、森林は保たれています。しかし、南西部で雨量の減少が起こり、乾燥化が起こっています。国連が植林や、食糧援助を含め、さまざまな対応を行っています」

「インドやオーストラリアはどうですか？」

「インドは人口の増加がありましたが、それを２０４０年代に入り、どうにかストップすることができました。雨量の増加地域にあたりますので、食糧危機は起こっていません。世界的な再生可能エネルギー基地とコンピューターソフト生産の基地などがあり、工業的にも成長しています。それから、オーストラリアは降水量が少なくなったため、穀物や畜産物の輸出量を減らしてでも、森林の回復を図るという政策をとりました。オーストラリア原産の植物を使った自然の再生という困難な作業を行っているようです」

私は、ふっと息をついた。これで世界の現状について、だいたいのことが判った。

「メタンハイドレートの崩壊はまだ起こっていないんだね」

「実は、新潟沖とインドネシア、それからバミューダ海域で小規模なメタンハイドレートの崩壊が起こりました。次に心配されているのが、日本の黒潮が洗う海域で、東南海、南海地震の時に、メタンハイドレートの崩壊が起こらないかということです。この地域のメタンハイドレートが崩壊すると、地球規模の温度上昇が起こるほどのメタンが噴出しますので、専門家は祈るような気持ちで事態の推移を見守っています」

「分った。最初君は危機が去ったようなことを言ったが、まだ本当の危機は去っていないようだね。それでは、最後になったが日本の状況について説明してもらおう」

「まず食糧事情についてです。日本は、世界的に見ても特殊な状況に置かれた国でした。それは、日本が世界中から大量の食物を輸入していた国だったからです。国内的には地球温暖化は日本の農業に大きな影響を与えませんでした。西日本の夏が暑くなったことで、稲の作付け時期が変わりました。また、北陸・関東地方の雪解け水が少なくなったことも悪化の例ですが、夏季の雨は減少せず、かえって梅雨時の雨量は増加したので、早魃に見舞われた国々と比較すると温暖化の影響は軽微です。しかしながら、国際市場に出回る穀物の量が問題でした。日本は、日本でしかつくれないさまざまな工業製品の輸出により、現在も強い資金力を持っていますので、日本が本当に買い付ける気になれば、輸出国は国内消費分を削ってでも穀物の輸出をします。しかしそれでは、海外の資金のない国の飢餓を生んでしまうという問題が生まれたのです。また、食糧の安全性の問題もクローズアップされてきました。そこで日本は食料の自給率を引き上げましたが、それでもなお世界から多くの穀物、飼料作物を輸入しており、世界からの非難を浴びています。

「エネルギー価格が上がっても日本の貿易黒字は減少しなかったのか」

「まず化石資源の輸入についてですが、数量が減少したため価格の上昇は輸入金額の増大につながっていません。それから世界みどり公社に支払う金額は大きいのですが、その半分近くが、補助金として日本政府に帰って来ています。電力貿易においては、日本は大幅な赤字です。これは再生可能エネルギーの生産においても日本は不利な地理的条件にありますのでしかたがありません。一方、日本の自動車、電気製品、精密機械などの技術的優位性は揺らいでいません。日本人が、几帳面で手先の細やかさを持ち、忍耐強く、そして科学、特に工学的分野に才能があるからだということが、世界中の人たちに理解されています」

「日本の人口は大幅に減少したのか？　少子化はどうなった？」

「一時期日本の少子化が大変急激に進んだことがありました。それは人間の価値が忘れられていたからだ、と今では言われています」

「この時代には人間の価値の見直しが起こったというわけだね」

「そういうことです。当時環境が悪化していくのは、人間の数が多すぎるからだ、人間の数を減らさなくてはならないと思われていました。もちろん、人口爆発が起こっている特定の地域において人口のコントロールを行わなくてはならないのは当然です。しかしながら、化石燃料を大量使用し、森林を切り開いていくライフスタイルをそのままにしながら、人間の価値を無視し、人口を減らせばよいという考え方は、今では否定されています。もし、人間に価値がないとしたら、世界が協力して、地球温暖化の被害を受けている国々の支援をする必要もないでしょう。ライフスタイル、経済の在り方を見直せば、人間にとっても、地球にとっても人間は好ましい存在でありうるというコンセンサスが今はできていると思います。

それから、当時の日本は、経済を過度に大切にし、次の世代を担う人間を育てることを忘れていたと評価されています。特に今、日本人の技術者は、世界中で地球・地域の環境改善のために働いています。電力ネットワークの整備にも、Xの技術の普及にも、省エネ技術の導入にも、日本人は大活躍しました。2020年代以降、日本が人間を大切にする政策に転換し、沢山の科学者、技術者を育ててくれたことを、今では世界の人々が感謝しています」

「しかし、あの東京周辺の住宅事情をそのままにしておいたのでは、子どもは育てられなかっただろう」

「市場主義にまかせた経済活動を行うと、都市に人口が集中し、子育てという最も経済価値を生まない活動にしわ寄せがいくという議論の中で、地方に若い人材を分散させることが、政策の第一課題となりました。第一次産業の振興、地方での福祉産業、観光業の振興、地方大学や地方での生涯学習システムの充実が図られ、地方経済を立て直そうという努力は徐々に効果を発揮していきました。しかしながら、地方の人口増加に一番寄与したのはシルバーマネー地域という高齢者通貨の使用地域ができ、高齢者の地方移住が進んだことです。これについては今、説明は割愛します。食料自給率の改善のために農業にさまざまな補助金が投入され、漁村では中国の成功に倣い沿岸養殖漁業を発展させました。山村では、木材パルプの原料の供給の他、二酸化炭素の固定が経済的に評価されるようになったため、Xを使った新しい産業も生まれました。ワークシェアリングの導入により、勤労者の休暇が増加したことも、地方の観光業の活性化に役立ちました。それから、温暖化により都会の夏が子どもたちを過ごさせるには大変厳しい状況になり、夏に子どもたちを気温の比較的低い地方で過ごさせることが普通になりました。北日本や中央アルプス、北海道にサマースクールが開催されるようになりました」

「今、合計特殊出生率はどのくらいかね」

「1・8です」

「それなら、年金は救われたね。多くの人たちが結婚もできない、子どもも持てないという寂しい思いをしなくて、本当によかった。温暖化問題が本当に解決したら、若い人たちはもっと子どもをつくるだろう」

「本当にそう思います」

私は、ひどい睡魔に襲われはじめた。

「先生、お疲れのようですね。それでは今日はここで、一旦終了させていただきます」

私は、気が付かないうちに部屋に運ばれていた。そして夢もみずに、長い心地よい眠りをむさぼった。

丸1日以上眠ったのだろうか。私は窓からの明るい光で目覚めた。知らないうちに部屋を変えられたらしい。担当医が現れた。

「先生。ご気分はいかがですか」

「うん、非常にいいね。腹がへった」

「朝食を摂っていただいたら、今日は少し、外に出ていただいてもよろしいですよ。どちらか、行かれたい場所はありませんか？」

私は無性に海が見たくなった。

「それでは、ちょっと海岸がみたいな」

「それでは、お車をご用意いたします」

「いや、もし可能なら、あの下に見えている……」

私は窓の外のモノレールを指差した。

「あれに乗って見たいのだが」

医師が応えた。

「分かりました。あのモノレールは仙台まで行きますので、そこから車をご用意します」

食事の後、私は医師と看護師に付き添われ、モノレールに乗った。

「乗り心地がいいね。これなら何時間乗っても大丈夫だ」

「このモノレールは我々研究都市に通うものは、皆通勤で使っています。昔の方々は満員電車だったんですよね」

「そうだよ。東京で働くのは大変だったんだ」

「僕たちには考えられない選択ですね。僕たちは子どもの生活環境を考えて職場を選びますから、地方都市がいいです」

「都会に住まないで受験勉強は大丈夫なのか？」

「今大学は、よほど難しいところを除いては、基本的に誰でも入れます。だから高校時代までの受験競争はそれほど激しくないんです。その代わり、卒業が難しいです。昔で言うアメリカ式ですね」

「その方がいいと思うね。若者がみんな自信にあふれたいい顔をしているね。私の頃は元気のない子が多かった」

「みんな自分たちがしなくてはならない仕事があることを知っているからでしょうね。それから、日本人教育をしているのがいいんでしょう」

「どんな教育をしているんだい」

「日本の歴史や芸術、文化などをきちんと教えるんですよ。科学の歴史も教えますよ。先生のことも教科書で勉強しました。」

「よしとくれよ、しかし、自分たちの良いところをしっかりと知ることが、心理的な〝安全基地〟になって、新たな情報を取り入れ、世界に貢献することを可能にするんだ。自信を持つことが大切なんだ。問題は何に自信を持つかだが……」

「先生が40年前に書かれたご本をお読みしました。先生は、日本人は自分たちの工学的能力に自信を持つべきだと書かれていましたね」

「そして本質的に平和を望む民族であることに自信を持てと書いた」

「本当にそうですね。この100年間日本は戦争を一度もしていませんからね」

私たちは車に乗り、海岸を走った。やはり防波堤がかなり増強されているようだ。しかし、磯の香りと波の輝きは何も変わらない。防波堤の内側に小さな砂浜があり、子どもたちが遊んでいる。私はその様子をもっとよく見たくなった。

「ちょっとあの浜辺の近くまで車をよせてくれないか」

私はドライバーに頼んだ。車は子どもたちの遊んでいる入り江の波打ち際近くに止まった。子どもたちが浮き輪を浮かべ、海に潜って遊んでいる。

「暖かくなった良い点だね、私がここに住んでいた頃には、子どもたちは仙台の海でこんな風に遊んでいなかった」

ひとりの真っ黒に日焼けした子どもが私たちの方へ向かって駆けてきた。

「おじさん、こんにちは！」子どもの方から、私に挨拶をした。

私はその子どもに見覚えがあった。その子は太陽の光に包まれ、きらきら輝いていた。

男の子が言った。

「おじさん、だから言っただろ！　僕たちの地球は滅んだりしない！」

（資料）ベーリング海峡ダム及び世界みどり公社の提案（改）

（日本環境学会発表資料）

はじめに

近年夏季の北極海における海氷面積が大幅に減少しており、その減少速度は、地球温暖化に伴う北極海の変化として過去に予想されたペースを大幅に上回っている。この北極海の海氷面積の減少に大きく寄与したのが、ベーリング海峡から北極海に流れ込む、夏期の高温の太平洋水であるため、私は、ベーリング海峡にダムをつくり、この太平洋水を止めて北極海氷を回復するべきだという提案をかねてより行ってきた。一方、ベーリング海峡を通る太平洋水は、北極海における高密度水の形成や、北大西洋における海水の沈み込みにとって重要であるという報告がなされている。私はベーリング海峡ダムを、夏期の高温水のみを遮断し、その他の時期の太平洋水を通過させるものとして設計することにより、地球環境への影響を最小限に抑えつつ、北極海の海氷を回復することが可能だと考え、ここに提案したい。早急に、本ダムの、海流、塩熱循環、海氷面積、気温、生態系等への影響のシミュレーションと、ベーリング海峡付近の地形、地質調査を行うことを提案したい。ベーリング海峡ダムの建設をはじめ、大規模な地球温暖化防止施策の実施には、地球益のために使用できる膨大な費用が必要である。この費用を賄うために必要となるのが、世界みどり公社（化石資源の専売公社）である。この公社のシステムについても概説する。

ベーリング海峡からの太平洋水の流入と北極海の海氷減少

２００６年12月、米国立大気研究センターとワシントン大学は、北極海海氷面積の減少速度が大幅に加速しており、早ければ２０４０年の夏に北極海氷は完全消滅する可能性があるという予測を公表したが、２００７年9月には、北極海の海氷面積は観測史上最小値の425・5万平方キロメートルまで減少した。

海洋研究開発機構（ＪＡＭＳＴＥＣ）は、この海氷面積の減少について、ＩＰＣＣ第四次報告書で予測されている北極海での海氷の減少を大幅に上回るもので、これまでの予測モデルでは、北極海で起こっている現象が十分に表現されていないことを示している、とコメントしている。

ＪＡＭＳＴＥＣの研究者はこの海氷の減少について次のように説明している。

一九九七年のエルニーニョを契機として、太平洋からベーリング海峡を通って北極海に流れ込む海水の温度が上昇し、それに伴って、北極海の太平洋側の海氷の急速な減少が生じた。海氷で閉ざされた海域に生じた巨大な開口部（ポリニア）の海中には、太平洋由来の高温の海水が滞留していた。また、沿岸の海氷が減少したため、摩擦が減って海氷が動きやすくなり、北極海全域にわたる大規模な海氷の運動が生じ、これが太平洋からの海水の流入を加速している。さらに、北極海内部に広がった脆い氷が早期に融解したため、海面が太陽光を吸収して温度が上昇し、さらに海氷減少を加速している。北極海からの大西洋に放出される海氷も増加している。

東京大学気候システム研究センターは、北極海から海氷が消えることが地球気温に与える影響のシミュレーションを行った。同センターの阿部彩子博士は、15年で北極圏の気温が15度上昇、地球全体の気温も2度上昇すると報告している。

北極圏の気温が上昇すると、永久凍土中のメタンハイドレート、あるいは北極海に広範囲に広がる浅い大陸棚に存在する膨大な量のメタンハイドレートが崩壊し、地球温暖化をさらに加速させる可能性がある。

ベーリング海峡からの太平洋水が北極海で果たしている役割について

北極海の海水は、温度と塩分濃度の違う、いくつかの層から成っている。一番深層の水深1500m以深には、低温・高塩分の北極海深層水があり、その上の深さ1500mから250mくらいまでに、一番量の多い、大西洋から流れ込んだ、高温、高塩分の海水層がある。その上250mから100mぐらいまでに、冷たくて、大西洋水よりも塩分濃度の低い太平洋から流れ込んだ冬季水がある。その上に太平洋から流れ込んだ夏季水があり、さらにその上に、海水が解けてできた塩分濃度の低い海水や、河川水が存在し、ここが凍るのである。北極海の氷はこの海の複雑な海水の構造の産物であり、現在の北極海では、この上から二層目の夏季の太平洋水の温度が上がり、量が増えたため、最上層が凍らなくなったという問題が発生している。

JAMSTECの伊東素代博士は、冬季に太平洋からベーリング海峡を通して流入する海水が、北極海最大級の沿岸ポリニア（バローポリニア）を通過する際に冷やされて海氷を形成し、高塩分のブラインが排出され、太平洋冬季水は、このブラインを含んで重くなり、北極海の中層に広がり、下層の大西洋水の膨大な熱量が表層に影響し、海氷融解が促進するのを防ぐバリアーの役割を果たしているという。伊藤博士はさらに、二〇〇三年以降は、バローポリニア直下の海水温が結氷温度よりも0・5～1・0℃高く、ポリニアが開いても活発な海氷形成が起こらず、ブラインの排出が減り、太平洋冬季水の性質が変化している可能性があると指摘している。

ベーリング海峡からの太平洋水がなくなると、大西洋北部の海水の沈み込みが増加し、大西洋北部の気温が上昇するというアメリカ大気研究センター（ＮＣＡＲ）などの研究者による論文が、ネイチャー（Nature）２０１０年2月号に掲載された。要旨は下記の通りである。

最近の氷河期の間、約20～30ｍの海水面の変動が常に起こっていた。この海水面の変動は主に北半球の氷床の量の変化によりもたらされているが、この変動は太陽放射の影響だけがその原因だとすることはできない。ここで我々は、ベーリング海峡が海水面の低下によって、閉鎖または、水流が少なくなった際に、比較的塩分濃度の低い太平洋水が大西洋北部に流れ込まなくなって、北部大西洋の表層水の塩分が高くなることを考慮に入れた気候モデルを用いた。北大西洋の海水の沈み込みが活性化すると、海洋のコンベアベルトによる北方向の海水の流れと熱移動が活性化され、北アメリカとヨーロッパにおける氷床の融解につながる。我々のシミュレーションによると、海水面の上昇によりもたらされるベーリング海峡の再開は、太平洋からの比較的塩分濃度の低い海水を北部大西洋にもたらし、海洋のコンベアベルトを弱め、温度を下げて、北半球における氷床の拡大をもたらす。我々は、このサイクルの繰り返しが、最近の氷河期に観察された海水面の変動をもたらしたと結論する。

ベーリング海峡ダムについての論考

伊藤博士の指摘の通り、北極海において、太平洋からの流入水は、大西洋水と、海面の低塩分水の中間に存在し、大西洋水からの熱が海氷の形成を阻害することを防いでいる可能性がある。したがって、太平洋冬季水については、ベーリング海峡から北極海に流入させないわけにはいかない。

次いで、NCARの研究についてであるが、この論文が指摘する、ベーリング海峡の流量が、北大西洋における海水の沈み込みに影響を与え、地球の温度を変化させるというシステムは、数千年継続する気温の上昇と下降を生み出すシステムである。現在の北極の氷の減少と北極地方の温度上昇という事態は、数十年というタイムスパンで生じている現象で、そもそも、NCARの論文との関係で言うと、ベーリング海峡に大量の太平洋水が流れている時に、北極が温暖化することは、NCARの論文で想定されていない。

ひとまず、流入する高温水を止め、北極海に海氷を回復させてから、ベーリング海峡にやってくる太平洋水の温度が低い時期を狙って海水を北極海に流すという作業を行う必要がある。

早急にベーリング海峡ダムの、海流、塩熱循環、海氷面積、気温、生態系などへの影響のシミュレーションと、ベーリング海峡付近の地形、地質調査を行うことを提案したい。ベーリング海峡付近は年に数カ月しか工事を行うことのできない気候の厳しい場所で、しかも幅85ｋｍ深さは最深部で60ｍと、人類がこれまでに経験したことのない難工事となるが、北極海の海氷の減少を放置する危険を鑑みる時、これは人類が乗り越えなくてはならない試練であると考える。

なお、２００９年夏の北極海の海氷面積は、２００７年と比べて若干回復している。これを持って、北極の危機は去ったなどと言われる方もいるが、それは誤りである可能性が高い。１９９７—８年、２００６—７年の太平洋高温水は大規模なエルニーニョによってもたらされた。２００９—１０年には強いエルニーニョがなかったので、太平洋水の温度が上昇せず、海氷が一時的に回復したと考えられる。

世界みどり公社について

ベーリング海峡ダムを建設するための費用を見積もる方法は現在存在しないが、１００兆円をはるかに超え、数百兆円に及ぶ可能性がある。この規模の資金を集めることのできる手法が、私の提案する（仮称）世界みどり公社である。

世界みどり公社とは、国連の下、地球温暖化を防止するため、世界の化石資源（石油・石炭・天然ガス等）関連企業を統合した、化石資源の専売公社であり、化石資源の使用に伴って大気中に排出される二酸化炭素を削減するために、化石資源の販売価格を調整し、その専売利益を地球温暖化の緩和・適用に必要なさまざまなプロジェクトに供給する。

世界みどり公社は次の機能を持つ。

①専売を行うために必要な範囲で、公社は各国と協働し、適切な補償のもとに化石資源採掘、精製、商品化、販売および備蓄に関する組織を取得する。

②公社は、公社が必要と判断する専売収益を確保するために、化石資源の販売において世界一率のカーボンプライスを上乗せして販売することができる。

③公社の専売収入から、UNFCCCが指定する、世界の意思で行う地球温暖化防止に関する事業に係る経費、取得する組織に対する支払い、UNFCCCで合意された発展途上国の緩和・適応に関する基金の積立金、公社の運営に必要な経費を差し引いた残金は、加盟国に対し、加盟国からの専売収入の割合で還付する。

④公社は公社運営のために必要な資金を公債の発行、世界銀行等からの借り入れなどで調達することができる。

⑤公社の意思決定機関として理事会を置く。

世界みどり公社は、人道性、衡平性、経済性、共通性、浸透性、効率性の原則の下、上記の機能を果たす、社会的共通資本である。

世界みどり公社は、単に資金を集めるシステムではない。公社は世界の地球温暖化を止めようとする意志を体現したものであり、それに世界中の人々が資金を供給することによって実行力を与えるものである。近年地球炭素税について真剣に検討されるようになったが、地球炭素税を導入する場合、ボーモル・オーツ税の系統に属するものになる。税率を試行錯誤的に決め、何度も変更しなくてはならないのがこの税の特徴である。190を超える国々の国会で、何度も地球炭素税の税率について議決することは事実上不可能である。そこで、制度として、税よりも専売制という手法の方が合理的だと考えられる。また、排出権取引制度は、国や国際機関が新しく行うプロジェクトに必要な資金を生み出すためには使いにくい手法である。

国際エネルギー機関（ＩＥＡ）は、二〇五〇年までに温暖化ガスの排出を50％削減するためには、エネルギー分野だけで45兆米ドルの投資を二〇五〇年までに行わなくてはならないと試算している。

世界みどり公社が必要な資金が年間１００兆円とすると、二酸化炭素を排出した者の負担は、炭素使用量１トン当たり約１万円となる。

Memo

第《だい》2通貨《つうか》「シルバーマネー」が日本《にほん》の危機《きき》を救《すく》う

2019年1月23日　初版第1刷

著　者………………… 山口克也《やまぐちかつや》

発行者………………… 坂本桂一

発行所………………… 現代書林

〒162-0053 東京都新宿区原町 3-61 桂ビル

TEL / 代表 03（3205）8384　振替 00140-7-42905

http://www.gendaishorin.co.jp/

デザイン ……… GLACIA

製本　広研印刷（株）

乱丁・落丁本はお取り替えいたします。

定価はカバーに表示してあります。

ISBN978-4-7745-1766-7 C0033